中国教育三十人论坛 专题研究报告
Books of China Education 30 Forum

大学排名的风险

DAXUE PAIMING DE FENGXIAN

袁振国 余晓畅 王森 侯浩翔 严凌燕 刘志 蔡群青 著

山西出版传媒集团 山西教育出版社

图书在版编目（CIP）数据

大学排名的风险 / 袁振国等著. -- 太原：山西教育出版社，2018.12
（中国教育三十人论坛专题报告）
ISBN 978-7-5703-0247-5

I. ①大… II. ①袁… III. ①高等学校—研究—中国 IV. ①G649.2

中国版本图书馆CIP数据核字（2018）第264689号

大学排名的风险
DAXUE PAIMING DE FENGXIAN
袁振国等／著

出 版 人　雷俊林
责任编辑　潘　峰
复　　审　李梦燕
终　　审　郭志强
装帧设计　王耀斌
印装监制　蔡　洁

出版发行　山西出版传媒集团・山西教育出版社
（太原市水西门街馒头巷7号　电话：0351-4729801　邮编：030002）
印　　装　山西三联印刷厂
开　　本　720毫米×1020毫米　1/16
印　　张　15.5
字　　数　204千字
版　　次　2019年1月第1版　2019年1月山西第1次印刷
书　　号　ISBN 978-7-5703-0247-5
定　　价　62.00元

前　言

作为一种对大学发展状况的观察，将大学排名的研制和对外发布的榜单提供给大学的主办者、举办者、接受者参考，本无可厚非，尽管到目前为止的任何一种大学排名都存在着这样那样的缺陷并且是致命的缺陷，仍然可以有它的借鉴意义：对家长、学生来说，可以增加对拟选择学校的认识；对学校来说，可以反思自己的办学思路，分析自己学校的长短优劣；对政府来说，可以增加对投资效益和国际影响的认知。但遗憾的是，由于研究和发布者的大事渲染，不明媒体的跟风炒作，大学领导的过度关注，以及一些政府官员的不当推动，大学排名之风在全世界范围内可谓越演越烈，完全超出了它所能够承担的功能，产生了越来越严重的不良后果。

北京大学原校长许智宏说："大学排名像是悬在中国大学校长头上的一把剑，很多校长为了得到体面的排名，不得不按照排名的各项指标进行学校建设，导致很多大学没有了特色。"

斯坦福大学校长贾斯帕（Gerhard Gasper）于 1996 年给《美国新闻与世界报道》的信中说，"作为一个排名领先大学的校长，我想我有资格对你说，这个排名的许多部分，尤其是它华而不实的形式和虚假的精确度，完全起了误导的作用。”次年，该校便决定，对这种排名只提交大学评价的客观资料，不参与主观性的“声誉表决”。

目前，世界上已公开的大学排行榜有50多种，有世界大学排名机构十多个。在这些排名中，《美国新闻与世界报道》（简称 U. S. News）、英国《泰晤士报高等教育副刊》（简称 THE）、英国夸夸雷利·西蒙兹公司（简称 QS）世界大学排名和上海世界大学学术排名（简称 ARWU）这四个世界大学排行榜影响最大。本报告便以对这四个排行榜的考察分析为主要内容。通过对这些大学排行榜的分析，揭示了它们共同存在的七个明显缺陷：导向不可取、学校不可比、标准不一致、指标不匹配、数据不可靠、方法不科学和明显的文化偏见。由于这些严重缺陷，我们过于关注大学排名，不仅无益反而有害，具有很大的风险，并明显产生了这样一些后果：助长急功近利办学、助长忽视学生利益、助长淡化特色办学、助长大学盲目扩张、助长非道德竞争、助长西方中心论。

作为国内知名的教育智库，中国教育三十人论坛一直关注高等教育发展。正是由于意识到大学排行榜对国内大学越来越大的影响，今年3月份论坛学术委员会即提出，要对大学排行榜本身进行深入的专门研究。受学术委员会委托，我牵头邀请多位专家成立课题组。经过半年多的紧张工作，我们终于完成了此报告。我们希望借此揭示大学排名在学术上的局限性和非理性，提示大学排名已经和可能带来的更大的风险，以正视听，避免把大学排名作为评价学校水平的标杆，把追求提升大学排名名次作为办学的目标，而忘记初心、偏离办学的正确方向。

俗话说：文没有第一，武没有第二。把大学当作武林高手决高下、排座次，本来就不是一件严肃的事，只能采取姑妄言之、姑妄听之的态度，当不得真的。大学发展的最高原则是响应国家需要，大学成功的最高标准是具有服务国家和民族发展的能力。如果我们模糊了这一点，仅仅看重什么大学排名，将贻笑大方。总之，大学排名不严肃、不科学、不可信，借鉴尚可，跟风者戒。办大学必须脚踏实地，长期积累，找准定位，特色发展，实现自己的使命和价值。

参加本报告撰写的有：袁振国、余晓畅、王森、侯浩翔、严凌燕、刘志、蔡群青。

袁振国

2018.11.13

目　录

第一章 大学排名导向不可取

近年来，大学排名越来越成为社会各界关注的热点。舆论在评价国内的高等教育质量时，往往把排名引为依据；家长在为孩子选择大学尤其是国外大学时，常常把世界大学排名作为重要参考；一些大学也把大学排行榜上的名次当作追求目标，每每为提高几个名次而沾沾自喜。还有一些新兴大学所宣扬的办学思路，和诸多大学排名的思路和标准高度雷同。大学排名评价大有成为办学方向“指挥棒”的风险，影响着中国大学的发展。

大学的评价是一个复杂的问题，没有（也不可能有）一个简单的指标体系就能对所有的大学进行科学评价。从历史上来看，大学的声誉主要建立在教育水平和学术水平上，而教育水平和学术水平又是一个长期积累的过程。现在世界上公认的名牌大学，都有自己的历史、特色以及传统，其声望地位都是自然形成的。“千淘万漉虽辛苦，吹尽狂沙始到金。”至于那些缺乏真正教育水平和学术水平的大学，即使可以煊赫于一时，但终究会被淘汰。然而在浮躁的当代社会，短期功利主义也侵入大学校园，大学排名就是典型的表现。

第一节　大学排名有成为大学指挥棒的危险

据统计，目前世界上比较成熟的成体系并发布报告的大学排行榜共有50多个，世界大学排名机构10余个。① 在这些排行榜中，以《美国新闻与世界报道》（简称U. S. News）、英国《泰晤士报高等教育副刊》世界大学排名（简称THE）、英国夸夸雷利·西蒙兹公司世界大学排名（简称QS）和上海世界大学学术排名（简称ARWU）② 这四个世界大学排行榜影响最大。自从世界大学排行榜问世，很多国家及高等院校自身就再也无法回避国内外高校之间的比较，并由此改变了政府的相关政策和高校的办学理念。③

一、 大学排名愈演愈烈

说来可笑，在今天看来颇为“学术”的大学排名，当初却起源于一家报纸为挽救其倒闭危机而进行的游戏。

1983年，《美国新闻与世界报道》（U. S. News）杂志进行了第一次大学排名。当时，濒临停刊的杂志《美国新闻与世界报道》为了挽救倒闭的危机，决定开展一个规模庞大的项目：评估全美1 800所学院和大学，按

① 王金龙，王叶静. 世界大学排名发展现状及其评价研究[J]. 上海教育评估研究，2017(3)：19－24.

② 编者注：本书中出现的四大世界大学排行榜名称（U. S. News，QS，THE，ARWU），第一次出现时标注全称，下文均以英文缩写形式呈现。

③ 董会庆，董真. 全球大学排名及其影响解读[J]. 世界教育信息，2011(9)：32－35.

优秀程度为这些学校做一个排名。他们相信，如果进展顺利，这个项目的成果会成为一个有用的工具，可以用于指导数百万年轻人做好人生中第一个重大的选择。对于许多人来说，这个选择将决定他们的职业道路、终身的好友圈，甚至还包括终身伴侣。此外，杂志编辑也希望这个大学排名项目能带动杂志销量。在当时，做排名只是为了挽救自己作为媒体的颓势而想到的一招，但的确收到了奇效。至今我们很多人可能都没有看过这本杂志，但对其排行榜却耳熟能详。2010 年，《美国新闻与世界报道》杂志虽然还是停刊了，但是整个排名产业未受丝毫影响，且继续发展壮大，排名延伸到了医学院、牙科学校、文学和工学研究生院，甚至高中阶段。①

U. S. News 国内大学排名严格上说是对美国大学校长的声誉调查，每两年一次，在 1983 年、1985 年、1987 年的美国最佳大学排名中只有声誉一项指标，方法很简单，就是通过向各大学校长发放问卷，选出 5 所大学校长心目中最好的大学。到 1988 年，U. S. News 推出了比较全面的评价指标体系，最佳大学排名的方法开始将学校的声誉和定量数据结合在一起。1989 年，在广泛听取高等教育评估领域内专家学者建议的基础上，扩展了指标体系，并在其每一大类指标下包含有若干个二级指标。这一指标体系于 1991 年做了很大改变，指标改为学生、声誉、教师、学生满意度和财政资源。在 1994 年增设“校友满意”指标，并赋予了 5% 的权重。1996 年，由于受社会舆论的影响，即过分重视投入、对产出的关注相对较少，该杂志在排名方法上又做出了较大改变。随后，在对国家研究型大学以及国家文理学院的排名中，引入了“附加值”这一新指标，给予其 5% 的权重，目前这一指标已改名为“毕业率和表现”。之后的排名指标体系逐步趋于平衡稳定，未发生较大变化。U. S. News 大学排名网站每周点击量达到两

① O’NEIL C. 大学排名：一家快倒闭的二流杂志搞出来的自救项目[EB/OL]. 马青玲，译. (2018－10－20)[2018－11－06]. http://www.sohu.com/a/260550120_390540.

百万次。

2014年，U. S. News继“国内本科排名”“国内研究生院排名”之后发布了它的首份“世界最佳大学排名”（BGU）。根据大学的学术水平、国际声誉等十项指标得出全球最佳大学排名，以便为全世界的学生在全球范围选择理想的大学提供科学的参考依据。该排名一发布便引发广泛关注。

由于嗅到了这其中商业的味道，欧洲和亚洲等国家也陆续出现大学排名机构，英国《泰晤士报高等教育副刊》（简称THE）于1986年推出英国大学分学科排行榜，之后每年都会推出大学排行榜。该大学排行榜所反映的是各大学在教学、研究及国际声誉等方面的综合实力。1992年，该刊公布了“优秀大学指南”（The Times Good University Guide），其中包括101所大学，14项评价指标，该排行榜的指标逐渐规范化和体系化。此后，虽然它每年所用的评价指标体系不尽相同，但总体变化不大。在我国，中国管理科学研究院于1987年对我国87所重点大学进行排名，还列出了前20名的大学。这是我国最早的对本国大学的排名。紧接着，德国《明镜》于1989年成为继美英两国之后最早着手进行大学评估的评估机构。加拿大《麦克林》于1991年公布了排名情况。[①] 日本《钻石》于1993年进行排名。《今日印度报》于1997年发布排名。[②] 在二十几年的时间里，大学排名就已经成为一种全球现象，几乎存在于所有高等教育规模较大的国家中。

2003年，上海交通大学发布全球首份世界大学学术排名（Academic Ranking of World Universities，简称ARWU），这是第一个多指标的全球性大学调查，因其以客观数值作为准则而获得赞赏，对世界大学排名起到了

① 刘念才，程莹，SADLAK J. 大学排名：国际化与多元化[M]. 上海：上海交通大学出版社，2009：5.

② 任永灿. 国内外大学排名指标体系的特征及趋势研究[D]. 金华：浙江师范大学，2014.

重要的推波助澜的作用。

背景资料：ARWU是中国国家级研究项目，目的是为了分析我国大学与世界一流大学的差距。从2000年开始，上海交通大学项目组对世界一流大学的特征进行了系统分析，并选择了若干个可比的学术指标，对世界大学进行了定量比较，找出了与世界一流大学的差距。① 2003年6月由中国政府授权上海交通大学"世界一流大学研究中心"研究发布世界大学学术排名，作为第一个世界大学排名，主要关注的是大学的科研成果和学术表现，其各项指标包括在《自然》或《科学》杂志上发表的论文数以及获得诺贝尔奖和菲尔兹奖的人数。而它之所以能够产生巨大的影响，"正是因为在高等教育国际化的背景下，首次系统地提供了有关世界大学科研和学术表现的可比信息"。② 该排名2009年后转由上海软科教育信息咨询有限公司发布。

ARWU以其评价体系的客观和透明引领了世界大学排名的浪潮，是全球最具影响力和权威性的大学排名之一，在世界各地被广泛报道和大量引用，欧盟委员会2003年12月31日在其科技网站上作为头条新闻进行了报道③，《经济学家》杂志2005年的一份长篇报告中提到ARWU是被最为广泛使用的世界大学排名④。许多政府和大学从该排名出发，分析比较本国、本校的情况，采取各种举措来提升大学的国际竞争力。

QS世界大学排名是英国一家专门负责教育及升学就业的组织夸夸雷利·西蒙兹公司发表的，QS发布后不久，英国《泰晤士报高等教育副刊》

---

① 刘念才，程莹. 我国名牌大学离世界一流有多远[J]. 高等教育研究，2002，23(2)：19－24.

② 程莹，刘念才. 大学排名的影响与作用分析：以"世界大学学术排名"为例[J]. 大学(研究与评价)，2008(1)：85－89.

③ European Commission. Chinese Study Ranks World' S Top 500 Universities[EB/OL]. (2003－12－31)[2003－12－31]. http:/ec. europa. eu/research/headines/news/article_03_12_31_en. html.

④ Anon. A world of opportunity[J]. The Economist，2005，376(8443)：14－16.

（简称 THE）与之合作在 2004 年也发布了世界大学排行榜。两家的合作在 2009 年结束之后，各自从 2010 年开始发布新的世界大学排名，THE 对其大学排名的准则作出了调整，QS 坚持了原有的排名准则。①

至此，四大世界大学排行榜的格局逐渐形成，它们每年 8—10 月份进行数据更新，此时也成为有些高校期待的“放榜”月份。由于媒体找到了吸引大众眼球的新猎物，大肆报道，形成了风借火势、火助风高的局面，每次新一轮大学排名的公布，都成为一次媒体与评估机构的盛宴，每一次发布都会得到很多的点击阅读量，使得大学排名的社会关注度越来越高。

二、 大学排名渐受追捧

大学排名为什么能够长期存在且关注度越来越高？最主要的原因在于它服务于利益相关者的需求，有其目标用户群体。该群体包括政府、高校、学生及其家长等，大学排名每年的更新不断满足着这些群体的需求，而这些群体对于大学排名的依赖也日趋强烈。

（一）对家长和学生的影响

在当前的高等教育招生市场中，作为消费者的学生及其家长具有很大的选择权。在学生及其家长的择校过程中，作为重要信息来源的大学排行榜发挥着明显的作用。研究表明，大学排行榜对学生择校有一定程度上的影响，近几十年来，发源于美国且类别繁多的美国大学排行榜对美国学生及其家长的择校产生了较大影响。

---

① 陆根书. 从世界大学排名看一流大学建设[J]. 苏州大学学报(教育科学版),2015(4):15 - 17.

在美国高等教育招生市场中，各高校间的生源竞争非常激烈，学生及其家长被铺天盖地的邮件、招生电话甚至电视、广播及户外广告所淹没，他们力图寻求中立、客观的高校信息，大学入学指南和排行榜无疑成为学生及其家长的重要信息源。在美国的大学排名活动中，U. S. News 的“大学本科排名”影响最大，高校入学新生的“学生选择性”指标（Student Selectivity Indicator）是 U. S. News 的“大学本科排名”的重要指标，直接关系到各高校在排行榜中的位次。

越来越多的证据表明，大学的排名确实影响到学生入学人数、申请者的质量和学校的声誉，而排名的变化则对申请者和学生的入学决定起着重要影响。在美国，那些考虑上小规模私立院校和地区性公立院校的中等收入家庭的学生最可能参考大学排行榜，也极大地受到它的影响。①

在我国，仅 2018 年上半年发布的大学排名就有数十个，关注度比较高的有武书连“2018 中国大学排行榜”、上海软科“中国最好大学排行榜”、校友会“中国大学排行榜”、英国 QS“世界大学排名”、U. S. News“全球大学排名”等。其中英国 QS 全球教育集团于 6 月 7 日发布了第十五期 QS 世界大学排名，首次从下半年调整到上半年发布。② 这些排名一定程度上是要博取高中学生及其家长的关注，让其作为学生的择校参考，影响学生的择校选科。同时，各大媒体也纷纷推波助澜，将大学排名与学生的择校紧密地联系在一起。市场中的教育企业或留学机构纷纷对大学排名进行详细的分析解读，服务于学生填报高考志愿以及出国留学等。

其实，很多学生及其家长对不同类型大学、专业的区别及实质性意义并不了解，往往通过关注大学排名来获取对大学比较抽象的认识，以至于

① 张旺，华晓玲，邵艳霞. 大学排名对学生择校和大学招生的影响：以《美国新闻与世界报道》的大学排名为例[J]. 高教探索，2011(5)：44－47.

② 张端鸿. 排名不能覆盖大学全部发展目标[N]. 中国教育报，2018－06－20(2).

大学排名对学生及其家长最后选择学校、选择学科专业产生重大的影响。

（二）对高校校长的影响

在大学排行榜单的围攻下，高校校长变得越来越被动，排名成了学校荣誉的重大组成部分，大学排行榜给大学校长带来了诱惑或紧迫感，有很多校长对于提升本校在榜单中的排名充满焦虑。有很多校长坦言，“我们一方面痛恨大学排名，另一方面又非常关注大学排名，因为排名关系着学校的声誉和未来”①。北京大学原校长许智宏曾说：“大学排名像是悬在中国大学校长头上的一把剑，很多校长为了得到体面的排名，不得不按照排名的各项指标进行学校建设，导致很多大学没有了特色。②”

1．影响高校决策与发展战略③

大学排行榜数量的增加和不断流行，正塑造着高等院校的行为，影响了高等院校的决策和战略规划过程。许多大学在确定战略发展方向时都直接或间接地受到大学排名的影响。各国大学都在实施与大学排名相关的战略规划，如将“成为全球最佳大学之一”（澳大利亚莫纳什大学，2005）列为学校的使命，或提出“成为世界真正的优秀大学”（美国俄亥俄州立大学，2007）、“21 世纪世界顶尖大学”（首尔国立大学，2006）等作为办学的目标。④

一些大学则明确地将提高排名作为学校的战略目标，并将资源分配和其他决策与该目标联系起来。例如，2004 年美国明尼苏达大学校长将该校

---

① 李立国．大学组织特性与大学竞争特点探析[J]．高等教育研究，2006(11)：38－43．

② 刘尧．平心静气地看待大学排行榜[J]．上海教育评估研究，2014(2)：32－36．

③ 张旺．大学排名对高等院校的影响[J]．高教发展与评估，2012(1)：19－26．

④ THAKUR M. The Impact of Ranking Systems on Higher Education and Its Stakeholders[J]. Journal of Institutional Research, 2007, 13(1): 83－96.

的战略定位确定为“（使该校）成为世界前三名研究型大学之一”①。日本的东北大学也宣布计划在2022年进入世界前30名一流研究型大学行列②。拉丁美洲少数研究型大学之一的智利天主教大学确立了在2038年建校150周年时成为世界一流大学的目标③。这些都说明大学排名影响并逐渐深入到了高校的内部。

2. 影响高校人事与组织结构

大学排名正在影响高等教育组织的形态。一些高校对一个院（系）或整个学校进行合并、重组与整合，如近年来流行的相关学科学部制、高校纷纷成立医学院等现象。其目的并不仅仅是追求更高效率，而是通过重要的质量指标体现学校成绩的显著性，如更多的研究人员、更具竞争性的研究资助和更显著的产出。

大学排名还被用于一些高校校长的任命或解聘以及一些组织变革，例如设立新的组织机构处理与排名相关的事务。排名结果关系到那些负责监控和提高学校绩效的管理人员的地位和聘用情况。例如，在2001年，因数据报告错误导致霍巴特和威廉·史密斯学院在2000年的U. S. News排名中的名次比预料的低，对这一错误负有责任的高层管理者被该校解聘。④2005年9月，THE发布的排行榜显示，马来西亚两所顶尖大学的排名比前一年几乎下滑了100位，尽管排名的急剧下滑一定程度上是由于更改排名

---

① University of Minnesota. Advancing the Public Good: Transforming the University of Minnesota into a World – Class Research University[EB/OL]. [2011 – 03 – 21]. http://www.academic.umn.edu/provost/Reports/dec2007update.pdf.

② INOUE A. Inoue Plan 2007: Aiming to Become a World – Class University[EB/OL]. (2007 – 03 – 29)[2011 – 03 – 24]. http://www.bureau.tohoku.ac.jp/president/open/plan/Inoue_Plan_2007.pdf.

③ ROSSO P, VELASCO N. A Latin American Private University Strives to Become "World Class"[J]. International Higher Education, 2006(43): 18 – 20.

④ EHRENBERG R G. Reaching for the Brass Ring: The U. S. News & World Report Rankings and Competition[J]. The Review of Higher Education, 2002, 26(2): 145 – 162.

方法所致，但是，马来西亚反对党领袖还是要求政府成立皇家调查委员会进行调查，导致其副校长被解雇。①

3. 影响高校资源分配和资金募集

大学排名正在影响高等教育的优先发展领域。例如，吸引国际学生的专业硕士学位项目不断发展，重新平衡教学、研究及本科生、研究生活动，向更具有生产力和产生更好绩效的领域重新分配资源。

大学排名能够影响一所院校的财政决策。首先，可以影响管理人员和教师的工资。例如，美国亚利桑那州立大学 2007 年批准了一项合同，如果该校校长能提高学校的排名，将获得一万美元奖金。② 另一个类似的例子是，澳大利亚麦考瑞大学规定，如果该校副校长能提高学校排名，将获得 10 万澳元奖金。③

其次，由于一些大学排名考虑生均开支，迫使高校作出关于财政分配优先性的困难决策。如果高校削减生均开支，将可能消极影响学校的排名，这样就很难保持学费不上涨。

最后，排名会影响高校的资金募集。高名次能够提升学校的形象，对捐赠者也更有吸引力。高名次能够给予高校寻求新的财政来源和从现有捐赠者获得更多资金的信心，而且使他们募捐的理由更加充分。排名还会影响高校募捐的目标对象。

对大学校长而言，大学排名的确增加了额外的压力。排名靠前，老师和学生都高兴，校长们也会很满意。排名靠后，社会公众会议论纷纷，老师和学生不开心，校长们就会有更多压力和烦恼。华中科技大学原校长李

---

① 萨尔米，萨拉杨，王利兵，等. 作为政策工具的大学排行榜[J]. 教育研究，2010(1)：59－68.

② FARRELL E F, VAN DER WERF M. Playing the Rankings Game[N]. The Chronicle of Higher Education, 2007－05－25.

③ ALEXANDER H, NOONAN G. Macquarie Uni Falls in List[N]. The Sydney Morning Herald, 2007－11－09.

培根院士在谈到大学校长的共同烦恼时说道：校长关心的是什么？比如说我们大学排名中的很多指标，科研经费多少、获奖多少、论文多少，做校长的压力很大，恰恰这些可以量化的指标都包含在大学排名中。有时不得不“屈从世俗”。

（三）对政府制定政策的影响

世界大学排名广受关注，大家对“排名游戏”乐此不疲的原因主要有：一是排名可以产生明显的马太效应；二是排名可以提升与扩散大学的声誉；三是方便决策。从国家或地区层面看，能在世界大学排名中居于靠前的位置可能会被决策者视为国家高等教育和科技发展成就的象征。同时，大学排行的名次高低也对国家公共政策的制定产生了较大的影响，下列几点是较为明显的①：

1. 移民政策。如荷兰从 2007 年 12 月 19 日开始，技术移民政策对来自欧盟以外在荷兰高校顺利毕业的留学生进一步放宽，规定在 THE、ARWU、QS 排名前 150 名（一共近 200 所）高校的毕业生，具有获得“高技能移民”的权利。中国内地的四所大学：北京大学、清华大学、复旦大学和南京大学皆榜上有名。

2. 合作高校认定。如在高等教育全球化的背景下，2012 年印度为提升高等教育质量、提升全球竞争力，开展与世界一流高校的双边合作计划，印度大学拨款委员会宣布，进入双边合作计划的大学必须是 THE 或 ARWU 排名前 500 名的大学。

3. 资格认定。如 1995 年，我国政府与俄罗斯联邦政府签订关于相互承认学历的文件，但对于大学的认定有一定条件要求。在 2012 年，俄罗斯

---

① 陆根书．从世界大学排名看一流大学建设[J]．苏州大学学报（教育科学版），2015（4）：15－17.

联邦宣布，在 ARWU、QS、THE 等排名前 300 名大学的毕业生，其学历资格将获得自动认可。

4. 大学合并。在欧洲、亚洲很多国家，把推进大学合并作为提升本国大学排名的重要手段。今年，法国著名的巴黎第四大学和第六大学将要合并为一所拥有 54 000 名学生的超大型大学。此前，法国最著名的大学合并案的产物是 2014 年 12 月 29 日成立的巴黎萨克雷大学。巴黎萨克雷大学合并了 2 所大学、10 所大学校与 7 个研究所，其中包括巴黎综合理工学院、巴黎高等商业研究学院、巴黎中央理工－高等电力学院和巴黎第十一大学、凡尔赛大学等。校园面积达 5.46 平方千米，有约 60 000 名学生与 10 500 名科研人员。巴黎萨克雷大学筹委会主席多米尼克·韦尔奈（Dominique Vernay）表示，该大学的办学目标是在世界大学学术排名中排前十、欧洲大陆第一。法国政府为大学排名问题伤透脑筋，这也是该国大学合并的一个重要动力。“他们突然发现自己的大学不是世界最好，就决定对此做些什么。”2009 年，萨科齐政府慷慨地向高等教育机构拨款 110 亿欧元作为研究经费，但大学需要通过竞争获得经费，而竞争方式是法国大学和学院合并，以创造一个类似哈佛、剑桥的一流大学。“对政府而言，大学体现了一个国家的软实力。”①

第二节 大学排名的偏向

有那么多的群体在关注和使用大学排名，但是，这些机构或媒体为什

① 青塔网. 法国两知名大学 2018 年将合并，欧洲掀起大学合并风！[EB/OL]. (2017－02－08)[2018－11－06]. http://www.sohu.com/a/125776696_232611.

么要发布排名，究竟在排什么、怎么排的？排名结果参考价值高吗？可以反映大学发展的全部吗？孟子说“尽信书，不如无书”，同样，尽信排行榜是很盲目的事情，一个公正、全面、客观的评价体系和发榜机构，目前并不存在。更何况，这些排行榜本身，在主观上就是有所选择、有所侧重的，大部分排名中科研能力成为最主要指标，形成科研第一甚至是科研唯一的排名体系。严格来说，从排名取向上看，目前的大学排名不是对大学的排名，倒像是针对科研院、科研所的排名。

一、 大学排名的指标取向忽视大学最重要的功能

大学的功能是多方面的，一般来说，传统大学主要有三大功能，即人才培养、科学研究和社会服务。伴随社会的快速发展和国际化进程的加快，时下的大学在纷争中“被赋予”文化传承、国际交往等拓展功能。人才培养是核心功能，大学对人才的培养也是大学对社会最重要、最本质的贡献。大学排名无论是在主观上和客观上与大学的这一核心使命都是背道而驰的。

（一）大学排名的初衷并不关乎大学本质功能发挥①

上海世界大学学术排名（ARWU）：该排名侧重于大学的学术地位。ARWU 排除了主观性指标，还采用校友和教师的诺贝尔奖与菲尔兹奖得数、高被引研究者人数、《自然》与《科学》论文数、美国科学引文索引（简称 SCI）和社会科学引文索引（简称 SSCI）论文数和教师人均学术绩效等学术导向的数据进行排名。它以国际上具有可比性的科研成果和学术

---

① 邱均平，董西露. 五种世界大学排行榜比较研究[J]. 上海教育评估研究，2017(3)：1－6.

绩效作为主要指标，采用可以验证的客观数据衡量高校的研究实力，高透明度的方法和数据使得 ARWU 成为各国政府、大学、国际机构、国际学生和家长以及全球雇主参考的最重要的世界大学学术排名。作为全球第一个发布的世界大学学术排名，ARWU 的初衷是在世界一流大学范围中分析和定位中国大学，找出中国顶尖大学与世界一流大学之间的差距，引导政府和各高校针对这些差距制定科学的提升政策和方针，加快中国世界一流大学建设的进程。①

英国《泰晤士报高等教育副刊》世界大学排名（THE）：2004 至 2009 年，英国《泰晤士报高等教育副刊》与夸夸雷利·西蒙兹公司联合发布了世界大学排名，在世界范围产生较大影响。从 2010 年起，与世界著名的数据公司——汤森路透科技信息集团合作，发布基于新的评价标准和方法的世界大学排名，其中汤森路透科技信息集团负责收集和分析所有与排名相关的数据。在新的世界大学排名指标中，THE 保留了“同行评议”，但降低了该指标的权重，使得排行榜的主观指标降低了至少 20%。此外，新增了“工业收入”的一级指标，二级指标改为全职教师人均学术绩效、教学声誉、师生比、博士—学士学位授予比例、博士学位教师比例、学校收入、学术声誉、研究经费、被引论文数、国际教师比例、国际学生比例、国际合作和知识转化等 13 个，比原来的二级指标多 7 个，增加了指标体系的复杂度。THE 排名的根本目的是提供一份备选名单以帮助学生选择大学。THE 定位大学排名的主要功能是帮助学生填补严重的信息缺口，提高学生对各高校变化的全球认识。②

① 刘念才，程莹，刘莉. 世界大学学术排名的现状与未来[J]. 清华大学教育研究，2005(3)：8－13.

② BATY P. An evolving methodology: the Times Higher Education World University Rankings [M]//MAROPE P T M, WELLS P J, HAZELKORN E. Rankings and Accountability in Higher Education: Uses and Misuses. Paris: UNESCO, 2013: 41－54.

夸夸雷利·西蒙兹世界大学排名（QS）：英国夸夸雷利·西蒙兹公司在与《泰晤士报高等教育副刊》解散后，先后同《美国新闻与世界报道》《朝鲜日报》等机构合作发布世界大学排名，目前的合作机构为荷兰出版商爱思唯尔。除了全球的大学排名，QS还发布了亚洲大学排名、拉丁美洲大学排名、金砖国家大学排名等区域性大学排名。QS自发布以来备受学术界的争议，其根本原因在于，该排行榜指标体系虽然只有6个二级指标——师生比例、国际教师比例、国际学生比例、学术同行评价、全球雇主评价和单位教师论文引用数，但是同行评价和雇主评价两个主观性指标所占比重高达50%。QS发布排行榜的主要目的是为学生提供选择大学的资讯和一定程度的就业指导。

《美国新闻与世界报道》世界大学排名（U. S. News）：美国最有影响力的大学排名机构。从2014年开始，U. S. News基于以往发布国内大学排名的经验，开发了区别于其他机构的全球最佳大学排行榜，排行榜依据卡内基教学促进基金会公布的高等学校分类法对大学进行分类，然后对同类大学进行评比，选取的指标包括全球声誉、地区声誉、出版物、书籍、学术会议、标准化论文影响力、出版物总引用次数、出版物被引数前10%、出版物被引比例前10%、高被引论文数前1%、高被引出版物前1%和国际合作等12项，由于使用了较为科学严谨的调查手段，该排行榜的权威性较高。U. S. News排行榜的最初目的主要是为了给学生和家长在选择大学时提供一些参考数据。

（二）指标权重设置随意、混乱

影响大学排行榜结果最直接的要素在于具体指标体系的设计与权重的赋值，指标是大学排名的核心要素，是评估的关键。大学排名该怎么排，选取哪些指标要素没有统一的标准。大学排行榜都以一套或一组指标作为质量量度，每套或每组指标都会被赋予一定的权重值。① 无论是世界大学排名、国内排名还是不同的学科排名，各排行榜都是根据各自定位，设置相应的排名指标体系。各个排行榜的指标内容各异，其权重也是各不相同。其差异主要体现在三个方面：一是评价主体对各指标的重视程度不同；二是各指标对高校综合水平决定程度不同；三是各指标评价值的可靠程度不同。排行榜主体的决策直接影响每个指标权重值的分配，权重分配结构也直接影响排行榜结果。

QS、THE、U. S. News、ARWU 四个世界大学排行榜的一级指标主要涉及教学、师资、科研、声誉、收入和国际化六个维度。相同的一级指标可能对应不同的二级指标，声誉影响指标是最典型的例子：除了纯学术客观数据的 ARWU 以外，其余三个排行榜均有声誉影响指标，但是其二级指标都不相同——U. S. News 为全球声誉和区域声誉，THE 为教学声誉和科研声誉，QS 为学术声誉和雇主声誉。四个排行榜采用可以验证的客观数据，以国际可比的科研成果和学术表现作为主要指标；科研能力是唯一一个被四个排行榜都纳入的一级指标，它反映了科学研究在全球知识型经济可持续发展中的核心地位②，成为了大学排名中最受关注的指标（见表 1 – 1）。

表 1 – 1　四大世界大学排行榜的一级指标

QS	THE	U. S. News	ARWU
声誉影响	教学质量	声誉影响	教学质量
教学质量	科研能力	科研产量	教师质量
科研能力	论文引用	科研影响	科研产出
国际化	国际化		人均绩效
	工业收入		

① 萨尔米，萨拉杨，王利兵，等. 作为政策工具的大学排行榜[J]. 教育研究，2010(1)：59 – 68.

② 邱均平，董西露. 五种世界大学排行榜比较研究[J]. 上海教育评估研究，2017(3)：1 – 6.

（1）QS——声誉评价取向

QS 世界大学排名的指标体系共设置 6 个指标，定性与定量相结合，特点主要为：一是从数据来源上看，50% 为主观调查数据，30% 为学校报送数据，20% 为数据库客观数据。二是指标体系设计中学术同行评议和雇主评议占比很高，这种理念与如今盛行的同行评议相符。学术声誉和雇主声誉指标权重占 50%，在很大程度上偏向声誉主观评价。同时，评价标准注重全球性的标准和学术科研成果。QS 世界大学排名参考因素有较多的主观性指标，比如占有 40% 比重的学术同行评价和 10% 的雇主声誉，体现了其对一所大学名声的重视（见表 1 －2）。

表 1 －2　QS 的评价指标及权重①

<table>
<tr><th>指标设置</th><th>权重</th><th>数据来源</th></tr>
<tr><td>全球学术声誉调查</td><td>40%</td><td rowspan="6">·发放给学者和雇主的声誉调查
·高校报送数据
·爱思唯尔（Elsevier）/斯高帕斯（Scopus）数据库</td></tr>
<tr><td>师生比</td><td>20%</td></tr>
<tr><td>每位教职工在斯高帕斯数据库的被引用率</td><td>20%</td></tr>
<tr><td>全球雇主评价调查</td><td>10%</td></tr>
<tr><td>国际学生的比例</td><td>5%</td></tr>
<tr><td>国际师资比例</td><td>5%</td></tr>
</table>

（2）U. S. News——成果数量取向

U. S. News 世界大学排名指标体系中共有二级指标 12 个，定性与定量相结合，关注指标的绝对数量。一是从数据来源上看，25% 为主观调查数据，10% 为学校报送数据，65% 为数据库客观数据。二是指标设计更关注数量，比如论文数、著作数、总被引次数等，这种设计对规模较大的高校比较有利，通过绝对数量来进行排名（见表 1 －3）。

① QS Intelligence Unit. QS World University Rankings[EB/OL].[2018 －11 －06]. http://www.iu.qs.com/university－rankings/world－university－rankings/.

表 1－3　U. S. News 的评价指标及权重①

指标设置	权重	数据来源
全球声誉调查	12.5%	·针对学者的调查 ·高校报送数据 ·科睿唯安（Clarivate Analytics）/科学网（Web of Science）数据库
地区声誉调查	12.5%	
出版物	10%	
书	2.5%	
学术会议	2.5%	
标准化引用影响	10%	
总引用	7.5%	
出版物在最高引用前 10% 的数量	12.5%	
总出版物在最高引用前 10% 的比例	10%	
国际合作	10%	
高引用论文在专业领域最高引用前 1% 的数量	5%	
总出版物在专业领域最高引用论文前 1% 的比例	5%	

（3）ARWU——学术水平取向

ARWU 的世界大学排名是 100% 关注学术成果，完全采取定量方法，指标立足于高质量科研水平，重点反映大学学术竞争力。虽然其评价标准分为教育质量、教师质量、科研成果和人均学术表现四个部分，其实细看教育质量、教师质量和人均学术表现大标准下的指标：获诺贝尔奖和菲尔兹奖的校友，获诺贝尔奖和菲尔兹奖的教职工、各学科领域引用次数最高的科学家数量和大学人均学术表现，不难发现这些指标就是学术成果的间接体现。相对于文中其他的世界大学排名的评价标准而言过于单一（见表 1－4）。

① MORSE R, KRIVIAN A, MARTIN E. How U. S. News Calculated the Best Global Universities Rankings[EB/OL]. (2018－10－29) [2018－11－06]. http://www.usnews.com/education/best－global－universities/articles/methodology.

表 1－4　ARWU 的评价指标及权重①

标准	二级指标	编码	权重	数据来源
教育质量	获诺贝尔奖和菲尔兹奖的校友	Alumni	10%	·SCIE 和 SSCI ·高被引科学家 ·《自然》 ·《科学》 ·科睿唯安（Clarivate Analytics）/科学网（Web of Science）数据库
教师质量	获诺贝尔奖和菲尔兹奖的教职工	Award	20%	
	各学科领域引用次数最高的科学家数量	HiCi	20%	
科研成果	在《自然》和《科学》上发表的文章	N&S	20%	
	被科学引文索引扩展版（SCIE）和社会科学引文索引（SSCI）收录的论文数量	PUB	20%	
人均学术表现	大学人均学术表现	PCP	10%	

（4）THE——综合实力取向

THE 指标体系共有一级指标 5 个，二级指标 13 个。用 13 个指标衡量大学排名，指标维度相对广泛，不仅考虑教学和科研，还将知识转化和国际化程度纳入指标体系中，较好地反映了各高校综合实力。其中，最重要的指标是教学和声誉调查，以及大学研究的引用率。有以下几个特点：一是从数据来源上看，33% 为主观调查数，28.5% 为学校报送数据，38.5% 为数据库客观数据。二是指体系设计中更多地体现了“师均”“篇均”，这种设计对于一些规模比较小的学校有利，也体现了高校整体质量。三是增加了师均学校收入、师均科研收入和通过创新、发明以及咨询促进产业发

① Anon. Indicators and Weights for ARWU［EB/OL］.［2018－11－06］. http://www.shanghairanking.com/ARWU－Methodology－2016.html.

展取得的科研收入指标（见表 1－5）。

表 1－5 THE 的评价指标和权重①

<table>
<tr><th>标准</th><th>一级指标</th><th>权重</th><th>指标</th><th>权重</th><th>数据来源</th></tr>
<tr><td rowspan="5">教学</td><td rowspan="5">教学环境</td><td rowspan="5">30%</td><td>声誉调查</td><td>15%</td><td rowspan="13">· 高校报送的材料
· 爱思唯尔（Elsevier）/斯高帕斯（Scopus）数据库
· 发放给学者的声誉调查</td></tr>
<tr><td>师生比</td><td>4.5%</td></tr>
<tr><td>博士学士比</td><td>2.25%</td></tr>
<tr><td>师均博士学位授予数</td><td>6%</td></tr>
<tr><td>学校收入</td><td>2.25%</td></tr>
<tr><td rowspan="3">研究</td><td rowspan="3">数量、收入和声誉</td><td rowspan="3">30%</td><td>学术声誉</td><td>18%</td></tr>
<tr><td>科研收入</td><td>6%</td></tr>
<tr><td>科研成果</td><td>6%</td></tr>
<tr><td>引用</td><td>研究影响力</td><td>30%</td><td></td><td></td></tr>
<tr><td rowspan="3">国际视野</td><td rowspan="3">员工、学生和研究</td><td rowspan="3">7.5%</td><td>国际国内学生比</td><td>2.5%</td></tr>
<tr><td>国际国内教师比</td><td>2.5%</td></tr>
<tr><td>国际合作</td><td>2.5%</td></tr>
<tr><td>工业收入</td><td>知识转化</td><td>2.5%</td><td></td><td></td></tr>
</table>

（三）指标设计背离大学的中心工作

在排名的标准和指标方面，各排行榜均使用筛选过的指标，但在具体指标设计、权重赋值方面存在差异。根据柏林原则，排名机构应客观、公正地收集数据，并尽可能地使用可核实的数据，排名要使人们清楚数据的来源及其含义，指标的选择应是恰当而有效的。原则是这样要求的，但是四大世界大学排行榜的指标选取都是恰当而有效的吗？下面根据四大世界

① Anon. World University Rankings 2016－2017 methodology[EB/OL].(2016－09－05)[2018－11－06]. http://www. timeshighereducation. com/world－university－rankings/methodology－world－university－rankings－2016－2017.

大学排行榜的二级指标进行分析。(如表1-6)

表1-6　四种世界大学排名的二级指标及权重分配

二级指标	ARWU	THE	QS	U. S. News
获诺贝尔奖和菲尔兹奖的校友	10%			
获诺贝尔奖和菲尔兹奖的教职工	20%			
各学科领域引用次数最高的科学家数量	20%			
在《自然》和《科学》上发表的文章	20%			
被科学引文索引(SCIE)和社会科学引文索引(SSCI)收录的论文数量	20%			
大学人均学术表现	10%	6%		
声誉调查		15%		
师生比例		4.5%	20%	
博士、学士比例		2.25%		
师均博士学位授予数		6%		
学校收入		2.25%		
学术声誉		18%		
科研收入		6%		
被引论文数		30%		
国际国内学生比		2.5%	5%	
国际国内教师比		2.5%	5%	
国际合作		2.5%		10%
学术同行评价			40%	
全球雇主评价			10%	
单位教师论文引用数			20%	
全球学术声誉调查				12.5%
地区学术声誉调查				12.5%
出版物				10%
书				2.5%
学术会议				2.5%
标准化引用影响				10%
总引用				7.5%

（续表）

二级指标	ARWU	THE	QS	U. S. News
出版物在最高引用前 10% 的数量				12.5%
总出版物在最高引用前 10% 的比例				10%
高引用论文在专业领域最高引用前 1% 的数量				5%
总出版物在专业领域最高引用论文前 1% 的比例				5%

通过比较可以发现四大排行榜在指标设计上的如下特点：

第一，不同的一级指标对应不同的二级指标，且数据来源不同。以“科研能力”为例，ARWU 对应的二指标为各学科领域高被引研究者人数、《自然》或《科学》上发表论文数、被 SCIE 和 SSCI 收录论文数，QS 为学术同行评价。一个是客观数据，另一个是主观评价。

第二，四大世界大学排行的二级指标体系差别大，反映了排行榜发布机构的价值取向和偏好，其中，ARWU 的指标维度集中且科研指标比重较高，重点反映了对大学的学术竞争力；THE 的指标维度则相对较为广泛，不仅考虑教学和科研，也将国际化以及知识转化等纳入指标体系中；而 QS 的同行评价和雇主评价指标权重占 50%，在很大程度上偏向于对大学的主观评价。

第三，科研成果在大学排行中占据主导地位。U. S. News 的科学研究指标包括发表论文数、学术著作数、会议论文数以及被引、标准化引用影响力等，占比 60%；THE 包含师均发表论文数、篇均引用次数等，占比 36%；QS 的师均论文引用次数占比 20%；ARWU 科研项包括发表在主要期刊的论文数，占比 40%。

从指标体系构建呈现的特点看，这些一级指标在整体上没有清晰的逻辑，二级指标与一级指标之间更没有必然的逻辑联系，指标权重设置很不合理，科研指标权重无限放大……①基于以上这些问题，这些排行榜似乎经不起推敲，目的模糊，权重设置也显随意。反映出二级指标无法反映一级指标应包含的内容，更不能反映大学功能的全部。在现有指标体系下，被无限扩大的科研导向的大学排名完全不能反映大学的所有功能和使命，更是与大学最重要的人才培养功能相悖。

二、同一机构排名指标不同，结果迥异

U. S. News 一开始只对美国大学进行国内大学排名，对世界大学排名只是最近几年的事。同一家机构的国内大学和国际大学使用了两套不同的评价标准体系，得出了两个完全不同的结果。以 2018 年 U. S. News 最新公布的世界大学排名美国学校名次和美国国内综合大学排名的名次为例，可以发现由于大学在两个不同排名体系中参与排名，同一所学校在两个排行榜中的名次可能截然不同（见表 1－7）。

表 1－7 2018 年 U. S. News 世界大学排名和美国国内综合大学排名各高校名次（前 20）②

2018 U. S. News 世界大学排名美国学校名次		2018 年 U. S. News 美国国内综合大学排名	
名次	学校名称	学校名称	名次
1	哈佛大学	普林斯顿大学	1
2	麻省理工学院	哈佛大学	2
3	斯坦福大学	哥伦比亚大学	3
4	加州大学伯克利分校	麻省理工学院	4
5	加州理工学院	芝加哥大学	5

① 梁爽. 世界大学排行质疑[J]. 煤炭高等教育,2007(4):85－87.

② Anon. Education Rankings[EB/OL].[2018－11－06]. https://www.usnews.com/education.

（续表）

2018 U. S. News 世界大学排名美国学校名次		2018 年 U. S. News 美国国内综合大学排名	
名次	学校名称	学校名称	名次
6	哥伦比亚大学	耶鲁大学	6
7	普林斯顿大学	斯坦福大学	7
8	约翰霍普金斯大学	杜克大学	8
9	华盛顿大学	宾夕法尼亚大学	9
10	耶鲁大学	约翰霍普金斯大学	10
11	加州大学洛杉矶分校	西北大学	11
12	芝加哥大学	加州理工学院	12
13	加州大学旧金山分校	达特茅斯学院	13
14	加州大学圣地亚哥分校	布朗大学	14
15	密歇根大学安娜堡分校	范德堡大学	15
16	宾夕法尼亚大学	康奈尔大学	16
17	杜克大学	莱斯大学	17
18	康奈尔大学	圣母大学	18
19	西北大学	华盛顿大学（圣路易斯）	19
20	纽约大学	加州大学洛杉矶分校	20

出现以上截然不同结果的原因很简单，就是指标体系的导向不同。U. S. News 美国国内大学排名评价大学的指标体系是以学生和家长需要为基础而确立的，对用以衡量教育质量的指标赋予了最高的权重。2011 年，根据大学发展及社会趋势，U. S. News 对美国国内大学的排名方法做了更改，将更多的重点放在了以结果为导向上，例如提高了毕业率、学生保留率的权重以及加入高中升学顾问的评价等内容。目前这些指标已经在排名体系中占据了不小的比重。但在 U. S. News 世界大学排名上，考虑到每个地区的经济状况不同，面临的就业压力也有很大的区别等原因，则更强调研究实力和国际声誉，而省略如本科招生数据和毕业率等因素。具体指标

权重如表1－8所示①：

表1－8　U. S. News美国国内大学排行与世界大学排行指标体系对比

<table>
<tr><th colspan="2">全美最佳大学排名指标体系②</th><th colspan="2">世界大学排名指标体系③</th></tr>
<tr><th>一级指标及权重</th><th>二级指标及权重</th><th>一级指标及权重</th><th>二级指标及权重</th></tr>
<tr><td rowspan="3">产出（35%）</td><td>社会流动性（5%）</td><td rowspan="2">声誉指标（25%）</td><td>全球研究声誉（12.5%）</td></tr>
<tr><td>新生留校率（22%）</td><td>区域研究声誉（12.5%）</td></tr>
<tr><td>毕业率（8%）</td><td rowspan="9">文献计量指标（65%）</td><td>出版物（10%）</td></tr>
<tr><td rowspan="5">教师资源（20%）</td><td>班级规模（8%）</td><td>图书（2.5%）</td></tr>
<tr><td>教师工资（7%）</td><td>会议（2.5%）</td></tr>
<tr><td>全职教师的最高学位（3%）</td><td>标准化的引文影响（10%）</td></tr>
<tr><td>师生比（1%）</td><td>总引用次数（7.5%）</td></tr>
<tr><td>全职教师（1%）</td><td>引用率最高的10%的出版物数量（12.5%）</td></tr>
<tr><td rowspan="2">专家意见（20%）</td><td>同行评价（15%）</td><td>占引用率最高的10%的出版物总数的百分比（10%）</td></tr>
<tr><td>高中升学辅导评议（5%）</td><td>国际合作（5%）</td></tr>
<tr><td>财务资源（10%）</td><td></td><td>与国际合作的出版物总数的百分比（5%）</td></tr>
<tr><td rowspan="2">卓越学生（10%）</td><td>标准化测试成绩（7.75%）</td><td rowspan="2">科学卓越指标（10%）</td><td>高频被引文献数量（在各自领域被引次数最多的前1%）（5%）</td></tr>
<tr><td>学生在高中阶段的排名（2.25%）</td><td>高频被引文献百分比（在各自领域被引次数最多的前1%）（5%）</td></tr>
<tr><td>校友捐赠（5%）</td><td></td><td></td><td></td></tr>
</table>

① MORSE R, KRIVIAN A, MARTIN E. Frequently Asked Questions: Best Global Universities Rankings[EB/OL]. (2018－10－29)[2018－11－06]. https://www.usnews.com/education/best－global－universities/articles/rankings－faq.

② MORSE R, BROOKS E, MASON M. How U. S. News Calculated the 2019 Best Colleges Rankings [EB/OL]. (2018－09－09)[2018－11－06]. https://www.usnews.com/education/best－colleges/articles/how－us－news－calculated－the－rankings.

③ MORSE R, KRIVIAN A, MARTIN E. How U. S. News Calculated the Best Global Universities Rankings[EB/OL]. (2018－10－29)[2018－11－06]. https://www.usnews.com/education/best－global－universities/articles/methodology.

通过对比可以看出，U. S. News 对于美国国内大学的评价指标数据完全没有用于世界大学的排名和评价，反之亦然。排名指标侧重不同，世界大学排名专注于学校的学术研究和声誉，美国国内大学排名着重于本科课程。虽然两个排名都涉及学校在一定范围内的声誉调查，然而，世界大学的排名更侧重于学校的研究声誉，根据文献计量指标进行评估，如出版物、引文和高度引用的论文。但美国国内大学排名不使用任何文献计量指标。世界大学排名缺少教育过程指标。只通过单一的主观声誉评价来测量教育过程指标，很难全面反映高校对教育过程的质量监测，得出的数据和结果有所偏差。

此外，U. S. News 美国国内大学和世界大学排名所计算的学科领域范围也有不同。世界大学排名计算了包括工程、计算机科学、经济、商业等 22 个学科领域。美国国内大学是通过计算医学院、教育学院、工程学院、法学院、商学院等以学院为单位的数据，以及他们所提供的课程得出结果。①

可见，U. S. News 美国国内大学排名评价指标反映的是学校教育投入和产出的情况，它关注教育服务质量，强调了培养人才才是高等学校的最基本的职能，因此在评价指标权重上都倾向于和教育投入、产出相关的评价标准上；U. S. News 美国国内大学排行与科研有关的同行评议即学术声誉只占 25%，它意识到如果抛弃高等学校的培养人才这一基本职能，而过于渲染科研成果对高校的重要性的话，可能带来教学质量和毕业生质量滑坡的严重后果，最终将失去大学教育的意义。②

---

① 佚名. U. S. News 美国大学排名与世界大学排名为何差别这么大？到底该信哪个？［EB/OL］.（2018-03-29）［2018-11-06］. http://liuxue. xdf. cn/zhengzhou/mglh/xjslh/pmjx/1337777. shtml.

② 谢健，张海燕. 大学排行要关注教育质量：《美国新闻与世界报道》的排行分析与启示［J］. 成都教育学院学报，2006(10)：34-36.

第三节　培养人才是大学第一的和基本的使命

大学是人类文明水平达到一定程度的产物。大学（University）具有“普遍”“综合”的意思。大学的载体是知识，传播知识、创新知识和转化知识是大学的主要使命，相应地，这些使命构成了大学的主要功能，即培养人才、科学研究和社会服务。

一、大学功能的演变

建立于1088年的意大利博洛尼亚大学通常被认为是欧洲也是世界的第一所大学，1988年430所欧洲大学校长共同签署的《欧洲大学宪章》中，博洛尼亚大学被正式宣称为欧洲所有大学的母校，21世纪初欧盟大学革新的计划就被命名为《博洛尼亚进程》。建校稍晚但更有名气的是法国巴黎大学，13世纪时，巴黎大学的学生已经达到上万名，很多来自欧洲甚至亚洲，想想那是一派何等壮观的国际化景象。12世纪之前，英国还没有大学，英国的精英是去法国和其他欧陆国家求学的。1167年，当时的英格兰国王同法兰西国王发生争吵，英王一气之下，把寄读于巴黎大学的英国学者全部召回（也有说是法王一气之下，把英国学者从巴黎大学赶回英国）。这些学者从巴黎回国，聚集于牛津地区，建立了后来闻名遐迩的英国牛津大学，不久又分裂出剑桥大学。这些大学教学的主要科目都是神学、法学、文学和医学，教学的主要任务是传承福音、传承知识。大学主要是教学的地方，是典型的传道、授业、解惑之所。19世纪80年代英国著名的牧师、神学家、教育家约翰·亨利·纽曼在《大学的理念》一书中，对大学的功能下了这样一个定义：大学“是一个传授普遍知识的地方”，大学是学者、教师和学生共同追求真理的社区。纽曼甚至指出，所有的大学都是教学机构，强调的是“知识的传播与延伸而非发展”。在他看来，“在教学与研究之间”没有必然的关联。纽曼对大学功能的概括，成为大学的箴言甚至信仰，所以后来不管大学在形式上怎么变化，培养人才始终是大学基本的和第一的功能。

17 世纪后，德国的柏林洪堡大学异军突起，这所由教育改革家威廉·冯·洪堡创办的学校，提出了与传统大学不同的办学理念。洪堡认为，大学是最高学府，在这里不仅要传播知识，而且要发展知识，成为新知识的来源。现代的大学应该是“知识的总和”，即不仅要传授知识，也要创新知识，主张教学与研究同时在大学内进行。与此相应，他倡导和建立了一套与现代科研相关的科研制度，包括科学实验室、科学规范、科研队伍、科研管理办法等。从此，科学研究成为大学的第二功能。洪堡大学很快成为世界学术的中心。许多知名学者、政治家都在这里留下了他们的身影，洪堡大学产生过 29 位化学、医学、物理和文学等领域的诺贝尔奖得主。物理学家爱因斯坦、普朗克，哲学家费希特、谢林、黑格尔、叔本华，神学家施莱尔·马赫，法学家萨维尼等都曾在此任教。第二次世界大战前德国共产生了 40 多位诺贝尔奖获得者，占这期间世界诺贝尔奖总数的近 25%。这与德国大学重视科研是分不开的。洪堡的理念传递至欧美各地，成为许多大学仿效的对象，以至于一时间美国的大学教师无不以在洪堡大学学习或进修为荣。

欧洲的大学虽然对美国的大学产生了深刻的影响，如哈佛、耶鲁等老牌大学皆把欧洲的大学传统作为自己的榜样，但随着美国成为新兴的帝国，美国社会对大学的发展和功能有了自己的理解，激发了自己新的发展思路。1862 年，美国参议员贾斯廷·莫瑞尔提出了著名的《赠地法案》，主张由政府免费提供土地用以创办“赠地大学”，授予土地设立学院以促进农业和机械工艺在各州的发展。该法案对美国的教育产生了深远影响，突破了原来欧洲大学的传统模式，不只是教授人文经典，而是要把更主要的精力放在实用的农工学科之上，为社会输送大批技术型生产人才。在该法案的推动下，美国各州纷纷设立农工学院，由于是联邦以土地为资源设立，这些学院也就成为了各州的州立（公立）大学的雏形。这些大学以农工实用技术的教授为基础，也逐步把大学从象牙塔拉到了生产生活之中，使得科学知识与实用技术在民间大量普及，并激发了相关技术研究、实验的热潮。受益于《赠地法案》，一大批新型州立大学发展起来。康奈尔大学和威斯康星大学就是两个典型代表。

康奈尔大学是由企业家埃兹拉·康奈尔和学者安德鲁·迪克森·怀特两人携手合作创办的一所独具特色的大学，于1865年在美国纽约州伊萨卡山城的东山上奠基兴建。康奈尔与怀特两人的想法高度吻合，希望打破培养牧师、贵族和教师的欧洲传统，建立一所规模宏大、学术优秀、不受政治和宗教干扰、学科齐全的全新大学，面向社会需要培养具有实际技能的人才。

威斯康星大学成立于1871年。威斯康星大学以著名的“威斯康星思想”（Wisconsin Idea）蜚声海外。其办学思想主张大学应该向公众开放，主张高等学校应该为区域经济与社会发展服务。随着社会的进一步发展，大学的社会服务功能逐渐得到了公认，成为大学的三大功能之一。但是，美国所主张的大学对社会的服务，说到底主要还是通过培养适应社会发展需要的实用型人才来实现，而不是主要由大学教授自己去服务社会。尽管随着社会的变化和大学规模、人数的扩张，大学直接服务社会的能力明显增强，但根据社会需要培养人才始终是大学服务社会的主要形式和主要来源。

二、 人才培养是大学最重要的使命和功能

大学功能的变化留给我们的启示是多方面的。对大学战略重要性的充分认识，对大学独立性的充分尊重，对大学以知识进步为纽带的逻辑把握，无疑都是十分重要的，中央关于《统筹推进世界一流大学和一流学科建设总体方案》对此做出了充分的阐释和有力的部署。审时度势，针对当前我国大学教育中多少存在的急功近利、舍本求末的现象有三点启示。

（一）坚持育人为本

培养人才是大学贡献社会的首要形式。现在，知识社会对人才培养提出了新的要求，特别是注重创新能力、注重应变能力、注重自我发展能力的要求，这自然要求大学不断更新培养观念、创新人才培养模式。

首先，学生第一的理念是育人为本的关键。把学生第一作为一种理念或口号接受并不难，难的是落到实处。现在很多学校的制度设计、学科设置、专业设置、考评方法、管理方法等，并不能真正体现学生第一的理念，学生不同阶段的不同需要及学生的多样化的需要远远没有得到满足，学生对学校的认同感、归属感明显缺乏。有关大学生归属感的中美比较研究表明，美国常青藤大学的毕业生对母校有归属感的一般在 80% 左右，而我国“985”大学的毕业生对学校有归属感的只有 40% 左右。毫无疑问，学校里仅仅上课讲授知识是不够的，只有把学生的思想、情感、人格成长放在第一位，在管理的每一个细节上把满足学生的需要放在第一位，才是对学生的整体关心，学生才会觉得宾至如归，有归属感。

其次，自主选择是育人为本的制度保证。多样化是世界的本质，适合的教育才是最好的教育。有选择才有适合，有选择才有个性化的发展。学生的可选择性体现在学科、专业、课程、活动、老师以及生活的各个方

面。现在一成不变的格局是无法做到适合的教育的，可以流动、可以变化、可以重新选择，才能不断提高适合性。选择的前提是可选择，要有大量选择的机会，包括课程的选择、专业的选择、学科的选择、教师的选择、评价方式的选择等，这对我们的管理理念和管理能力是极大的挑战。以有利于学生发展为原则，而不是以校方管理方便为原则，从简单划一到弹性管理，把学生被学习、被安排、被组织变成自己组织、自己选择，才能实现学生的自主发展、充分发展。

然后，严格要求是育人为本的内在要求。学生自主选择并不是降低要求，更不是放任自流。大量研究充分证明，学生在校的收获与在校的精力投入程度成正比。一流大学与非一流大学的区别只要看看学生的投入程度和紧张程度就能做出判断。在世界著名大学学习过的人都有一个同样的感受：这些大学“不好混”，不是凭借聪明就能轻松完成学业的。更重要的是，大学不仅要传授知识，而且要培养吃苦耐劳的精神、求实钻研的态度和负责任的人格。经过四年的学习，学生有脱胎换骨的感觉，这才是一所好大学。

最后，育人为本要把培养人才放在评价学校质量的重要位置。大学排名在我国有越来越受到关注的趋势。如果分析一下各种大学排名的指标就会发现，排名看重的主要是论文、著作、项目、经费等，还有“学术领域的同行评价”，有些评价体系同行评价的权重高达40%，这实际上是把科研指标的权重进一步放大，没有一个排名体系的指标是把人才培养放在核心地位的。如果意识不到这一点对大学排名的影响，我们对人才培养工作就可能越来越不重视。我们知道，人才培养质量很难用一个单一的指标来衡量，人才成长需要很长的周期和各种因素的配合，由于学校的定位不同，人才市场需求的不同，对人才质量也很难简单地确定一个共同标准。这就更加需要强调潜移默化、润物无声、点滴积累。从长远来看，人才培养与科学研究、社会服务是高度统一的，着力提高人才培养水平，才能为科研提供源源不断的后备人才，才能成为服务社会的主要力量。相反，教学科研两张皮，不但争资源、争地位，而且很有可能付出人才培养被挤到次要地位的代价。

（二）坚持本科第一

本科是大学的根基。本科生决定着大学的面貌，本科水平决定了大学的整体水平，本科教育决定学生和学校的未来。因此，为本科教育安排更好的教师、投入更多的经费、配备更优质的资源是理所当然的。可是实际上并非如此，所谓“研究型”大学可能更为纠结。为什么？因为科研和教学被对立起来了。科研成果是硬性的、显性的，教学成果是弹性的、软性的。“一流教师带博士，二流教师带硕士，三流教师教本科”具有一定的普遍性。“招生简章上教授如云，报告会上大师点缀，本科课堂上不见踪影”成为一种讽刺。为此，甚至有起诉学校“招生欺诈”的事情发生。对于本科教育的加强需要从资源配置、评价制度、职称制度、薪酬制度等上位政策的调整开始。

（三）坚持教学第一

教学是培养人才的主要载体，提高教学质量是提高人才培养质量的主要途径。高等教育从单一教学功能到教学、科研并重，再到教学、科研、服务社会三位一体，成为社会发展的引领和引擎，都首先源于搞好教学、培养优秀学生，如果大学不重视教学，则和研究机构无异，就失去了大学的本性。

教学第一的关键首先是要对教学有敬畏之心。说到教学自然会和传授知识联系起来，但教学的本质并不仅仅是教授知识，而是教学生学习知识，说到底，是教人，教书育人之谓也。教师不是广播、电视播音员，教学关系不是广播电视和听众的关系。教学过程是学生付出时间的过程，对教学的敬畏之心说到底是对学生的时间和生命的敬畏之心。无论在什么学校，越是优秀的教师、受学生欢迎的教师，对于上课越是战战兢兢、如履薄冰，教学几十年的教师每次走上讲台前仍然十分紧张，因为他们把讲好每节课看作是自己一生的荣誉。正是这样一种敬畏之心才能促进教师自觉地不断改进教学过程，提高教育质量。

其次是要创新教学模式。教学模式不仅是教学方式，而且是教学思想、教学关系的反映，有什么样的教学思想就有什么样的教学模式。教学主要是传授知识还是教会学生掌握求知的方法？教学主要是为了使学生找到解决问题的方法还是学会怎么找到问题？教学是以教师为主满堂灌，还是以学生为中心促进学生自主学习？随着知识社会、创新时代的到来，这些问题越来越无法回避。从传统的单调、被动的教学转向生动、主动的教学，实际上是一场教学思想的转变。在这方面，高等教育有落后于基础教育的危险。现在基础教育的课程与教学改革如火如荼，不断涌现出生动活泼的教学模式，相互学习、相互观摩也蔚然成风，可是本应该更加生动、更加多样、更加有研究性的大学教学反倒比较沉闷，老师讲学生听是普遍的教学方式，离《国家中长期教育改革和发展规划纲要》倡导的“学思结合、知行统一、因材施教”还有很大的距离。

最后是科研育人。随着科研的重要性在高校中的地位越来越突出，科研的广泛性和受重视程度越来越高，这是无可厚非的，但是，大学的科研和教学一定不能成为两张皮，在科研中育人是学校的使命也是学校的优势。科研本身具有很重要的育人功能，专业教师尤其是学生敬仰的专业教师对学生的影响是全方位的和终身的。学校科研绝不仅仅是研究本身，而且是引导学生、教育学生怎样研究、用什么态度研究的问题，科研过程是培养学生实事求是、锲而不舍、团结合作、造福人类的精神和情怀的最重要最有效的载体和途径。

育人第一、本科第一、教学第一，是相辅相成、内在统一的，全方位地促进学生的全面发展，提高人才培养质量，是学科、学校建设的根本，也是建设高等教育强国的必由之路。

第二章　大学排名学校不可比

很多大学排行榜都热炒综合性的排名，除了吸引眼球外，似乎没有什么更大的价值。用教育界人士的话说："整体性的大学排名其实是非常难定的，因为各种类型的学校之间并不具可比性。"一方面，如果没有对大学进行分类就进行大学综合排名，这就像体育比赛，选手们不分男女一起只按重量分级参加拳击比赛一样滑稽可笑；另一方面，排名指标体系设计不合理，有的排行榜以规模排座次，有的排行榜按博士点、重点学科和重点实验室的数量论英雄，而这些他们所看重的规模和各类"点"的个数并不是判断一所大学优劣的标志性指标，有舍本求末之嫌。在进行排名时，数据收集不全、不准，也会使排名结果出现严重偏差。此外，按照常理，每年大学排行榜的发布往往会有一定时差，因其需要大量时间用来收集和分析数据。那些缺乏客观公正的"排行榜"难免有急功近利、哗众取宠之嫌。①

可比性是建立在不同对象相互比较的一致性和合理性上的。比较对象

① 吴学安.大学排行榜有多少可信度[N].证券时报,2018－01－30.

的相似性越高可比性越高，反之则越低。既然是排名，就需要有可比性，如果拿跳高选手和跳远选手相比，显然是没有意义的。从大学的定位来说，有研究型与教学型、学术型与应用型之分，各自扮演着自己不同的角色，发挥着自己的独特功能，一个国家高等教育的结构、布局合理，才可能有整个国家教育的强大，如果认为只有研究型、学术型的大学是高水平的，不仅于事无补，而且会造成思想上的混乱。①

大学必须具备自身的“遗传特征”，具体说就是教学、科研、国际化发展要避免以某种单一的大学模式为标准评价所有的大学。大学排名的指标必须反映大学的核心学术标准，清晰描述大学的学术使命，以及系、院、校或者学科和专业所处的独特环境。② 而绝大多数大学排名对高校的分类过于粗略或没有对高校进行分类。由于高等教育机构具有多样性，不同的高校有不同的使命，因此，对所有高校使用同一套指标是具有很大局限性的，不利于反映高校的优势和特色，容易导致高校的趋同化发展。

① 袁振国. 大学排名的风险：大学变革的历史轨迹与启示之四[J]. 中国高等教育，2016(20)：26－29.

② 王英杰. 大学排行：问题与对策[J]. 比较教育研究，2008(10)：1－5.

第一节 不同类型的大学之间数据不可比

从大学的性质来说，有中央高校与地方高校、公办学校与民办学校之分，他们的经费来源、责任对象以及办学体制、管理方式均不同，简单比高低、比先后，对评价学校的办学水平、办学效益不可能得出客观评价，而且可能导致对办学体制好坏的臆测。从大学的类型来说，有单科型、多科型与综合型，有文科型、理科型、工科型等类型的分别，用同样的指标评估所有的学校，必然挂一漏万。把不同规模的学校放在一起比较，无异于缘木求鱼①。

由于大学排名的评估指标是大学发展的指挥棒，而该指标体系又多是依据优秀的研究型大学的发展状况来制订的，所以这样的排名一旦发挥作用，就可能导致大学的趋同化发展，这与当今大学发展的多样化趋势是相背离的，也不利于大学的个性化发展②。

一、 应用型和研究型大学不可比

在全球性大学排名的具体操作过程中，大学职能往往被进一步窄化为研究职能，造成大学排名事实上只是对大学研究产出的评价。这意味着只

---

① 袁振国.大学排名的风险:大学变革的历史轨迹与启示之四[J].中国高等教育,2016(20):26-29.

② 邹义欢,王绯烨.大学排名:功能及其局限[J].大学(研究与评价),2008(10):75-78.

有那些拥有丰硕研究产出的研究型大学才能通过在排名中取得较好名次而获得全球性地位①。

基本科学指标数据库（简称 ESI）对研究型大学具有更强的适用价值。将进入 ESI 排名前 1% 的学科数作为一项指标，这对于评价研究型大学而言具有较强的适用性，但是对于应用型大学而言未必是福音。即 ESI 只可作为基本科学“一流的科学研究”的国际可比指标之一，而不是所有科学或学科，也不是唯一的国际可比性指标②。综合来看，规模较大、学科门类齐全、历史悠久、拥有医学院的大学在各类排行榜上占优势。据粗略估计，目前全世界有 16 000 所左右的高等学校，许多规模小的优秀学校未能挤进前 500 名的榜单③。

萨尔米等认为排行榜都有其具体的比较单位，这种比较单位可能是院校，也有可能是特定的培养项目（如工商管理硕士）。国际性的排行榜通常是以院校为比较单位，而且也不区分院校的规模或类型。而在国内层面上，很多排行榜都是按照高校的类型进行排名。例如，加拿大的《麦克林》主要针对医科或具有博士授予权的高校、综合性高校和以本科教育为主的高校这三类高校进行排名。④ 查尔斯（Charles）提出机构排名中的逐年变动是数据篡改及操纵的结果，对使命不同、资源状况不同的院校进行比较，这本身就有方法上的缺陷和不当之处⑤。霍奇斯（Hodges）认为这也是对社会不负责任的做法⑥。由于一些规模较小的高校和非研究性高校

---

① 梁卿. 欧盟“多维度全球大学排名”述评[J]. 比较教育研究,2012(4):40－43.

② 田虎伟,谢金法. ESI 的功能限度. 上海教育评估研究,2017(1):19－22.

③ 邵鹏. 洞察大学排行榜本质:如商业产品,影响你的消费[N]. 文汇报,2015－03－13(7).

④ 萨尔米,萨拉杨,王利兵,等. 作为政策工具的大学排行榜[J]. 教育研究,2010(1):59－68.

⑤ ECCLES C. The Use of University Rankings in the United Kingdom[J]. Higher Education in Europe,2002,27(4):423－432.

⑥ HODGES S. Authentic Values and Ersatz Standards:Making Sense of College Rankings[J]. Academe,2002,88(6):33－35.

在有关科研和声誉的指标上不可能获得高分，因此，排名无意中造成对这部分高校不利的局面。

另外，高校科研能力主要是以科研经费、捐助以及国家直接和间接的高等教育研发经费为支撑的。例如，在国际排行榜排名最高的3所加拿大大学，同样也是科研经费收入最多的大学。同样，第三级教育研发经费占国家研发总经费比例越高的国家，其高校就越有可能获得更多的资源，从而跻身于国际排行榜。显然，国际排名总是垂青于研究型大学，而将那些优秀的本科教学型高校甚或是那些拥有大量科研活动和研究生培养项目却被归为综合性高校的院校挡在门外①。

二、 独立大学和合并拆分后的大学不可比

各国的大学持续不断地进行着合并、拆分、更名、停办等，在此过程中的发展数据很难进行准确的采集，对比分析中也存在众多问题。如英国的曼彻斯特理工大学（University of Manchester Institute of Science and Technology）在1905年被合并到曼彻斯特维多利亚大学（Victoria University of Manchester），作为曼彻斯特维多利亚大学的一所工科学院，直到1994年才重新恢复独立。2004年10月22日，曼彻斯特理工大学与曼彻斯特维多利亚大学正式合并，从此组成了英国最大的单一校址大学，新的学校被称为曼彻斯特大学（The University of Manchester）。为了在国际排名中占据优势地位，曼彻斯特大学集中资源提升本校的科研质量、国际化水平，设置关键绩效指标谋求更高的排名。相比那些没有经历过拆分重组的大学，类似曼彻斯特大学的高校将具有更显著的优势，这在客观上制造了一种不公

① 萨尔米，萨拉杨，王利兵，等．作为政策工具的大学排行榜[J]．教育研究，2010(1)：59－68．

平的竞争态势，使得我们难以对这两种类型的高校进行客观对比。

2004 年，新合并成立的曼彻斯特大学在确定其总目标是成为全球前 25 名的顶尖研究型大学之后，利用全球排名的指标设置了具体的分目标和每个分目标的关键绩效指标。

目标 1：较高的国际地位

衡量该目标的关键绩效指标为：至 2008 年至少引进 3 名诺贝尔奖获得者，至 2015 年引进的诺贝尔奖获得者上升至 5 人，其中至少 2 人为全职教师。

目标 2：世界一流的科研水平

衡量该目标的关键绩效指标为：高影响因子论文的比例逐年上升；外部科研经费收入逐年增加，至 2015 年达到现在的 2 倍；科研经费支出逐年增加，至 2015 年达到现在的 3 倍；成功完成学业的研究生人数逐年增长，至 2015 年达到现在的 2 倍。

其中，诺贝尔奖获得者数量、高影响因子论文比例、科研经费数量等多个关键绩效指标都是全球性大学排名中的常见指标。

奥地利的因斯布鲁克大学（University of Innsbruck）于 2004 年拆分为两所独立大学，即因斯布鲁克大学和因斯布鲁克医科大学。这两所大学在拆分前后的数据存在巨大差异，如何进行有效对比成为艰难的分解问题。另外，二战前的柏林大学拥有若干名诺贝尔奖获得者，而现在的柏林洪堡大学（Humboldt – Universität zu Berlin）和柏林自由大学（Freie Universität Berlin）都声称自己是柏林大学的合法继承者，这两所大学曾因诺贝尔奖获得者爱因斯坦归属为哪所大学而发生过争执，因为爱因斯坦对这两所大学的排名都曾产生巨大影响。

三、 公立大学和私立大学不可比

当今的大学排名是一种精英式的大学质量评估，是基于世界一流大学特征制订的评估标准，对于私立的精英大学具有更明显的偏好。排行榜是否得到用户的正确解读？例如，指标体系利用师生比指示教学质量，但是事实上，师生比在不同的学科、不同的教学环境，在公立和私立的机构与系统之间具有不同的含义①。

科研产出、国际顶尖学术期刊论文发表数量等都是重要的大学排名评估因素。但各类型大学有着不同的大学发展模式和办学理念，用一种美式研究型大学的标准去评估各个国家各种类型的高等教育机构显然是不公平的。此外，这种单一的理想模式让许多大学在追求世界一流大学的过程中备受压力。教学型大学和发展中国家大学提升大学排名的过程即是牺牲大学原本所具有的独特的国家特征和独立性格的过程②。

同样，国际排行榜也总是偏好那些私立或精英型高校③。“在过去30年中名气和业绩不断攀升的大阪大学一直被视为一所公认高水平的高校。即便如此，它还是不可能排在京都大学或东京大学之前。”以私人部门资金作为高校主要经费来源的国家在排行榜中也格外引人注目。根据经合组织统计数据，这些国家包括澳大利亚（私人经费约占52%）、日本（约占51%）、美国（约占45%）、加拿大（约占42%）和英国（约占28%）。

---

① 邱均平，董西露．五种世界大学排行榜比较研究[J]．上海教育评估研究，2017(3)：1－6.

② 滕珺，屈廖健．反思高等教育排名　重塑世界学术格局：联合国教科文组织《高等教育排名与问责：善用与滥用》述评[J]．比较教育研究，2014(7)：63－68.

③ YONEZAWA A，NAKATSUI I，KOBAYASHI T. University Rankings in Japan[J]. Higher Education in Europe，2002，27(4)：373－382.

四、 综合型大学和单科类学校不可比

不知道什么时候社会形成了一种观念，认为综合大学才是高水平大学，甚至很奇怪地认为，没有医学院就称不上综合大学，于是把富有特色的一些大学硬性合并在一起。为了增加发文量，提高排名名次，世界上不少国家也在尝试合并措施①。综合性大学和单科类大学相比，在各大专业领域的完整程度、研究人员规模、经费的支持力度等方面，均具有显著的规模优势，在大学排名中均具有更良好的表现，单科类学校由于在各方面的弱势地位，很难在排名中取得优势，事实上单科类学校处于一种不平等的竞争态势。

单科类院校是指按行业类别设置、以为社会相应对口行业培养专门人才为主要职能的高等学校。狭义的单科类院校是指学校仅设有某一个学科所辖专业的院校，但调查发现目前高校鲜有此类绝对“单科”院校；广义的单科院校是指办学历史上曾经以某一单科为主，经过发展，学校有了其他学科专业，但传统学科专业在学校中仍占主体地位的院校②。就其类别来看，存在着理工、农业、林学、财经、语言、医药、艺术、体育八大类单科类院校。反观综合型大学，其学术领域、人员构成等更加均衡，足以为学生提供全面的均衡教育，也较容易进行跨领域研究。从世界一流大学的学术产出量和研究品质来看，除研究产出量的“收入科学索引（SCI）及社会科学索引（SSCI）论文数”以外，其他指标如校友及教师获得诺贝

---

① 袁振国. 大学排名的风险：大学变革的历史轨迹与启示之四[J]. 中国高等教育,2016(20):26－29.

② 张涛. 单科类院校寻求特色发展的探索：基于人才培养模式的视角[J]. 现代教育管理,2009(12):15－17.

尔奖、菲尔兹数学奖、高被引教师数（简称 HiCi）及在《自然》和《科学》杂志上发表的论文（简称 N&S）的论文数等，和单科类学校相比，具备更为突出的优势。而从学校规模来看，综合性大学的学生数或教师数都达到卓越发展所需的临界数量（Critical Mass）。其次，综合型大学较低的师生比能够为学生提供优质教育及教师从事学术研究的机会。美国顶尖私立大学的师生比甚至只有 6:1，表明顶尖大学的学生有机会得到充分的教导，且教师的负担较轻，可以提供优质的教育与研究。另外在行政及技术服务、经费支持等方面，综合型大学均处于更优势的地位，显然是单科类高校所不具备的，所以单科类学校在大学排名系统中自然不会有良好的表现。因此，将综合型大学和单科类学校置于同样的标准下加以对比，这在现实操作上也是无法成立的。

五、 工科型和文科型大学不可比

所有对科学成果进行评价的体系都存在一个重要问题，那就是由于发表文化和习惯的原因，社会科学和人文科学中一些学科的成果会被排除在外，这意味着那些文科比重大的高校在当前的一些全球性排名中被低估了。

汤姆森国际科学指标数据库（Thomoson ISI，简称 ISI）收录了长时间范围内发表在国际期刊上的文献，包括研究论文、会议论文和以其他形式反映的书籍。这意味着对某些学科领域的研究收录得较多，而对另外一些学科的研究收录得更少。该数据库偏好于收录医学、自然科学和技术类的研究，相对而言，社会科学和人文科学的研究就收录得比较少，因此相较于理工类学校，文科类高校所面临的论文发表引用困境会更加明显，在排名体系中更加不具备优势。该数据库提供的另一类数据和引用有关，由于不同的引用习惯，引用次数这一指标在学科之间存在巨大差距，在国家之间也有一定程度的差别。任何从事科研的工作者都能发现，一些被引用次数很高的文章往往是理工类院校的科研文章。以瑞典的隆德大学（Lund University）和卡罗林斯卡学院（Karolinska Institute）为例，尽管隆德大学在社会科学领域和人文科学领域都进行了大量研究，而卡罗林斯卡学院是一所医学院，但隆德大学的数据中仅包含了少部分社会科学和人文科学的科研成果，在 ISI 数据库中，有大量的文科学者对总论文产出没有太多影响。如果将 ISI 数据库视为唯一的数据来源，和卡罗林斯卡学院相比，隆德大学会被更加低估，比如 ARWU 排名中使用的“人均”指标，因为该指标是和发挥作用的学术人员的数量有关的，这对于文科类专业占据重要地位的大学是极为不公平的①。

六、 大规模学校和小规模学校不可比

按照大学排名的指标，要想提升名次，大学的规模越大越好、人数越多越好。虽然某些指标也注意到了应避免单纯以多取胜的弊端，设置了人员比，但即使如此，体量大仍然是有利于排名的②。

现有的评价体系几乎都是总体评价，并不考虑使用的设备、资源或生源状况等因素。如果学校 A 和学校 B 都取得了数量差不多的研究成果，但是 A 占有的资源却少得多，难道 A 不应该获得更高的评价吗？从概念上说，至少在评价产出时同时考虑所耗费的成本是可行的。根据这种评价方

---

① 刘念才，SADLAK J. 世界一流大学：特征·排名·建设[M]. 上海：上海交通大学出版社，2007:201－206.

② 袁振国. 大学排名的风险：大学变革的历史轨迹与启示之四[J]. 中国高等教育，2016(20)：26－29.

法，一所大规模学校倘若有着大量科研能力数量欠缺的教师，想获得较高的科研评价分数，是不可能的，当然这对于小规模学校来说更是无法承担的。换句话说，要达到一定层次的排名地位，越小的院校的教师的总体质量就必须越高。

大学排名一般将大学作为一个整体进行比较，却没有区分它们的规模大小，而因规模不同导致资源状况悬殊的大学之间没有太多的可比性。这样的比较无意中将那些规模小的大学置于不利地位，而这些大学很难在研究和声誉等有关的指标上取得高分。大规模学校一般在科研论文发表方面具有显著优势，这些学校一般设有医学院，可以称之为生物医学和基础科学卓越发展的关键领域。各大规模学校设置的医学院普遍显示，生物医药领域已经成为未来科研及产业发展的关键领域，更容易吸引优秀人才（教师与学生），拥有大笔的研究经费，使优秀人才从事前瞻性研究、发表科研论文等。对于小规模学校来说，支撑生物医药学科发展几乎是难以实现的，从而在高被引教师数（HiCi）所涵盖的 21 个生物医药及基础学科研究领域不占据优势。

大规模学校在师生人数上也远高于小型学校，由于经常性经费多以学生数为基准，必须具备相应的规模，才能实现追求教学与研究卓越发展的目标。除了美国顶尖私立大学平均学生数约 1.4 万人以外，其他国家或地区的顶尖大学的平均学生数量均在 2 万人以上，欧陆大学接近 3 万人，美国公立大学则近 3.5 万人。大规模学校必然与一流大学相联系，这些学校的教师人数通常在 2 400—3 000 之间，显示教师（含研究员）的数量，是要说明必须具备相当规模才能产生卓越研究所需的数量。多数大规模学校的可支配经费也远高于小规模学校，美国一些私立高校年生均经费达到 14.8 万美元，其他各国/地区的生均经费也多在 3 万美元以上。经费的多寡对于学术科研上的卓越发展也有着密切联系，高昂的经费支持对于小规模学校也是不可想象的，进一步导致了小规模学校和大规模学校的排名数据不可比。

通过资源的重组，一些大学的排名上去了，可从一个国家整个高等教育的科研生产力来说并没有实质意义，资源的整合过程带来的资源消耗确是实实在在的。

第二节　教育体制不同导致大学之间数据的不可比

当《亚洲周刊》在 1997 年和 1998 年推出首份亚太地区大学排行榜后，1999 年有 35 所大学拒绝再参与该刊所做的调查，其中多半是日本和中国的大学。抵制行动导致该刊排名的最终流产。有趣的是，每次都位居榜首的东京大学也决定 1999 年后不再参与该刊的排名。正如东京大学校长莲实重彦做出的解释，“我们教育和科研的质量无从与其他大学相比较”①。

国家之间的科研体系有许多不同之处，这会影响到大学之间的排名对比，该问题在不同体制中的严重程度不尽相同，因为一些国家的机构设置极其复杂。

伦敦大学就不是普通意义上的大学，它类似于一个“伞状”结构，下辖几所完全自治的大学。同样的问题也出现在美国的多学区大学体制中，如美国加州大学是世界上最大的公立大学系统，拥有十所相互独立的大学。在法国，同一城市中几所完全自治的大学，原来都是同一“母校”的一部分。因此将同一城市中的不同大学的院校体系区分清楚是一件很困难的事。有时这些问题会异常突出，如 Vrije University Brussel 和 The Univer-

① PROVAN D, ABERCROMBY K. University league tables and rankings: a critical analysis[R]. London: The Association of Commonwealth Universities, 2000.

site Bibre De Bruxelles，索引时都是“Free University（of）Brussels”以至于不可能在引文索引（简称 CI）中仅根据校址来区分两所大学。Leuven 和 Louvain-la-Neuve 也存在同样的问题，在 CI 数据库中也会出现各种各样的地址错误①。

法国的公共研究机构（Public Research Organisations，简称 PRO）和大学一样重要。这些机构与大学有很多合作形式，大多数的法国实验室是联合实验室，同时属于几个不同的公共研究组织或大学。但类似这样的机构在文献统计时容易被忽略。所有这些因素导致在鉴别一些特殊机构发表的文章时异常困难，在没有它们自己参与（通过自我鉴别或对别人的鉴别结果进行确认）的情况下，准确地标记出不同的法国公共研究机构的论文异常困难。例如，法国公共研究机构已经确定它们有大约 30% 的论文在 ISI 数据库中没有被正确地标识出来。为了让研究所之间的数据真正具可比性，排行榜收集这些文献计量学指标时，特地寻求了这些研究机构的帮助。尽管法国是一个极端的案例，但是其他研究体制也有其自身的特殊性。大范围的研究和小范围的研究截然不同，比如上海交通大学排名不可能进行非常细节的、繁琐的对象鉴别工作，但是全国性的评价活动就需要对评价对象的数据进行精确的鉴别，很明显这是难以做到的。

第三节 文化及地缘差异导致大学之间数据的不可比

大学排名中调查对象之间的异质性导致了比较时的困难，处于不同区域和文化背景下的大学必然因为异质性太大而难以比较。异质性可以理解

---

① 此处因中文译名不能完全表达原文大学名称的区别之处，故直接用外文名称。

为群体中所有个体的特征差异程度，一般异质性越高，个体的特征分布越分散。就一般抽样而言，要达到同样的精确性，在从同质程度高的总体中抽样时，所需的样本规模就小一些；而从异质程度高的总体中抽样时，所需的样本规模就大一些。其主要原因在于同质性越高，表明总体在各种变量上的分布越集中，波动性越小，同样规模的样本对总体的反映就越准确。而异质性程度越高，表明总体在各种变量上的分布越分散，波动性越大，同样规模的样本对总体的反映就会越差。例如当总体中的个体在收入上的差别比较小，或者说收入的分布比较集中时，所抽取的样本中人均收入值的随机波动范围就很小，因此抽样误差也会变小，抽样的精度就会提升。同样在文献计量学研究中，对客体类型和层次的选择（大学的层次）会对后来的数据解释产生重要影响。对这些客体的定义是不是能和国际科学领域中的同一对象很好地对应起来？许多概念（如大学、系、实验室）等看起来是有明确指向的，并且相应地具有不同程度的自治权。但这些单位在规模、活动、管理等领域差别明显，在国家与国家之间、学科与学科之间也有很大差异。“大学”毫无疑问是一个合理的比较层次。

由于各国大学类型和文化传统的不同，运用一套单一的评价指标和权重对不同国家的大学进行比较，其可信度显然难以保证①。另外，面对世界大学排名，许多国家政府采取了新自由主义高等教育发展策略，即重点建设一批精英式世界一流研究型大学，从而将其与大众化的教学型大学区分开来。这种做法是不科学的，因为世界一流的科研并不一定只存在于世界一流大学，同时世界一流科学家和研究者也不一定只存在于世界一流大学。

高校排名应当考虑不同院校的差异，但多数时候大学排名忽视了这一点。在 U. S. News 世界大学排名中，国际型大学（实际上是研究型大学）

---

① 武学超.世界大学排名科研测评的影响与缺失[J].中国高教研究,2010(3):43-46.

排名和文理学院（主要授予学士学位）排名的指标体系完全相同，这意味着 U. S. News 排名并没有从排名方法上区分这两类不同使命的高校。U. S. News 对综合性大学（硕士/学士型）的指标和前两类高校比较的确有所差别，综合性大学排名没有使用“毕业率表现”（实际毕业率和预期毕业率之比）指标，但是该指标仅占权重的5%。因此，U. S. News 排名方法很难被看作是对高校使命的成功区分。实际上，现有的很多排名都是注重评价大学的某一方面的职能（比如科研或者本科教学）而不是全部。在这种情况下，可以使用同样的指标体系对拥有不同使命的高校进行比较排名吗？鉴于不同高校的多样化特征，排名不仅需要考虑高校的多样化，还需要考察高校学科布局、建校历史、规模等方面的差异。

第三章　大学排名标准不一致

每个排行榜的评估标准、指标体系是有差异的，实际上从不同角度来观测、看待大学，会有不同的侧重点。也就是说，从不同视角来看，世界一流大学的综合实力都很不错。但是，有些学校在这个排行榜中可能比较靠前，在那一个排行榜中可能就排得比较靠后，这是因为这些学校可能在某个侧重指标中表现得比较强，但是在某个侧重指标中表现得比较弱。例如像 QS 的排行榜，它更加强调的是声誉（“学术声誉互评”的权重占 40%、“雇主评价”占 10%），这个声誉调查实际是基于全球学者的调查和雇主的调查，所占的权重非常大。

这可能会出现两种情况：一种是学校已经代表国家甚至国际交流的最高水平，那肯定有很好的国际声誉；第二种是这个学校在本国最发达的城市，也能够在声誉方面加分。比如复旦大学在声誉方面的表现就非常好，那是因为自改革开放以来复旦大学在国际交流与合作方面一直处于比较领先的位置。但如果单纯从一些科研产出数量的指标，比如说论文产出的数量来看，上海交大每年发表九千篇论文，在论文指标方面的得分就会比较高。①

① 陈海银. 对标世界大学排行榜 国内高校离“双一流”有多远？[EB/OL]. (2017－09－08) [2018－11－06]. http://www.21jingji.com/2017/9－8/3NMDEzNzlfMTQxNjY3Ng.html.

第一节 标准不同排行结果不同

一、 同一所学校排名悬殊

在不同的排行榜上测量的同一概念所得出的结论经常是矛盾的。在一项比较研究中，迪尔和苏主要通过四个维度（即投入、过程、产出和声誉变量）考察了研究中所选的5个排行榜的一致性问题（也就是对质量的概念化表述）。他们得出的结论认为，不同的排行榜之所以会具有一致性，主要是因为它们都或多或少地使用了相同的投入量度（教师、学生、财力资源以及设备设施等）。而过程和产出量度的不一致显然并没有影响到它们最终的结果。① 然而，在最近的一项比较研究中，埃舍尔（Usher）和萨维诺（Savino）却得出相反的结论。他们在对19个排行榜中各项指标进行分析后认为，按照各排行榜对质量定义的方式，它们根本不具有一致性。他们认为，两项研究的结论存在巨大差异的主要原因在于，他们选取了更大的样本（19个排行榜）并基于已进行的比较选取了更多种类的指标（共有七大类指标）。②

各排行榜的排名结果也存在着矛盾。就四大排行榜中排名前50的高校

① DILL D D,SOO M. Academic quality,league tables,and public policy:A cross – national analysis of university ranking systems. Higher Education,2005,49(4):495 – 533.

② USHER A,SAVINO M. A World of Difference:A Global Survey of University League Tables[R]. Toronto:Educational Policy Institute,2006.

来看，仅有36%的高校同时进入四个榜单，没有一所大学在四个排行榜中排名相同，在两个排行榜中排名相同的大学有24个。排行榜之间排名位次最高差异达33名，排名相差10名（含）以上的高校有36个，相差5名（含）—10名之间的有48个。这一差距在四大排行榜50名以后的高校之间更加突出（如表3－1）。

表3－1　2018—2019年四大世界一流大学排行榜排名前50位①

大学＼名次	U. S. News	ARWU	QS	THE
爱丁堡大学	27	32	18	29
澳大利亚国立大学	/	/	24	49
澳大利亚昆士兰大学	42	/	/	/
巴黎第十一大学	/	42	/	/
巴黎萨克莱大学	30	/	/	/
巴黎文理研究大学	/	/	50	41
北京大学	/	/	30	31
北卡罗来纳大学教堂山分校	32	30	/	/
宾夕法尼亚大学	16	16	19	12
波士顿大学	46	/	/	/
不列颠哥伦比亚大学	29	43	47	37
得克萨斯大学奥斯汀分校	36	40	/	39
得克萨斯大学西南医学中心	/	48	/	/

① 注：选取2018—2019年U. S. News、ARWU、QS、THE对世界一流大学前50名排行结果整理。空缺值说明该数据在四个排行榜前50名中没有出现相应的名次。数据来源：https://www.usnews.com/education/best－global－universities/rankings；http://www.zuihaodaxue.com/ARWU2018.html；https://www.topuniversities.com/university－rankings/world－university－rankings/2019；https://www.timeshighereducation.com/world－university－rankings/2019/world－ranking#!/page/0/length/25/sort_by/rank/sort_order/asc/cols/stats

（续表）

大学＼名次	U. S. News	ARWU	QS	THE
东京大学	/	22	23	42
杜克大学	22	26	26	18
多伦多大学	20	23	28	21
俄亥俄州立大学	46	/	/	/
范德堡大学	/	50	/	/
复旦大学	/	/	44	/
哥本哈根大学	34	29	/	/
哥伦比亚大学	8	8	16	16
哈佛大学	1	1	3	6
海德堡大学	/	47	/	47
韩国高等科学技术学院	/	/	40	/
华盛顿大学圣路易斯分校	32	20	/	/
华盛顿大学	10	14	/	28
加州大学伯克利分校	4	5	27	15
加州大学旧金山分校	15	21	/	/
加州大学洛杉矶分校	13	11	32	17
加州大学圣巴巴拉分校	37	46	/	/
加州大学圣地亚哥分校	17	15	41	30
加州理工学院	6	9	4	5
剑桥大学	7	3	6	2
京都大学	/	35	35	/
卡罗林斯卡学院	/	44	/	40

（续表）

大学 \ 名次	U. S. News	ARWU	QS	THE
卡内基·梅隆大学	/	/	46	24
康奈尔大学	23	12	14	19
科罗拉多大学博尔德分校	43	38	/	/
昆士兰大学	/	/	48	/
鲁汶大学	/	/	/	48
伦敦大学学院	21	17	10	14
伦敦帝国学院	18	24	8	9
伦敦国王学院	39	/	31	38
伦敦政治经济学院	/	/	38	26
洛克菲勒大学	/	30	/	/
洛桑联邦理工学院	40	/	22	35
麻省理工学院	2	4	1	4
麦吉尔大学	43	/	33	43
曼彻斯特大学	/	34	29	
美国西北大学	24	25	34	25
密歇根大学	18	27	20	20
明尼苏达大学	41	37	/	/
墨尔本大学	26	38	39	32
慕尼黑大学	46	/	/	32
慕尼黑工业大学	/	48	/	43
南洋理工大学	49	/	/	/
牛津大学	5	7	5	1

（续表）

名次 大学	U. S. News	ARWU	QS	THE
纽约大学	28	32	43	27
匹兹堡大学	45	/	/	/
普林斯顿大学	9	6	13	7
清华大学	50	45	17	22
首尔国立大学	/	/	36	/
斯坦福大学	3	2	2	3
苏黎世联邦理工学院	25	19	7	11
索邦大学	/	36	/	/
威斯康星大学麦迪逊分校	35	28	/	43
悉尼大学	31	/	42	/
香港大学	/	/	25	36
香港科技大学	/	/	37	46
香港中文大学	/	/	49	/
新加坡国立大学	38	/	11	23
新加坡南洋理工大学	/	/	12	/
新南威尔士大学	/	/	45	/
耶鲁大学	11	12	15	8
伊利诺伊大学厄巴纳－香槟分校	/	41	/	50
约翰霍普金斯大学	12	18	21	12
芝加哥大学	14	10	9	10
佐治亚理工学院	/	/	/	34

二、年度不同排名起伏

在中国“双一流”评价的重要历史时刻，大学排名公司敏锐地嗅到了进一步将大学排名提升为大学评价标准的机会。如果能够将商业排名包装成科学评价，并且被公共部门、建设高校以及师生校友所广泛接受，那商业排名就自然成了行业标准。近年来，所谓“主流大学排名”的提法也不绝于耳。于是，大学排名公司针对不同的利益相关者展开了密集而细致的公关，力图主动为中国“双一流”建设的成效提供“担保”。他们所提供的各种排名数据也恰好为建设成效提供了证据。但事实上，商业性排名不应该被视作一种严谨的标准，也不应登堂入室成为评价标准的基本资格。①

商业性机构或刊物无法回避在其大学排名中的商业利益考量。美、英最有影响的大学排名都是商业机构进行的，这也可以部分地解释其排名指标设定的武断以及修改的频率。发行量是商业刊物的生命线，如果某一商业刊物每年发布的大学排行榜都一样，是否还能吸引读者购买？因此每年修改指标就成为必然。例如，1999 年在 U. S. News 大学排行榜中加州理工学院排第 9 名，2000 年指标修订后上升到第 1 名，在引起一片反对声之后，U. S. News 于次年再一次修改指标，加州理工学院随之滑落到第 4 名。也许这样的变化正是商业性的排名所期许的，目的是引起公众注意，吸引公众眼球，从而扩大发行量。

又如美国宾夕法尼亚大学，在 ARWU 大学排行榜中，该大学自 2012 年—2016 年间排名呈现出逐年下滑趋势，随后又小幅上升；而在 THE 中，

① 张端鸿. 不要让排行榜和奖项，绑架大学的“双一流”建设！[EB/OL]. (2018－09－28)[2018－11－06]. https://baijiahao.baidu.com/s? id＝1612812861907645382&wfr＝spider&for＝pc.

此周期内该大学表现则相对平稳，但自2016年开始排名迅速提升（如图3－1、3－2）。

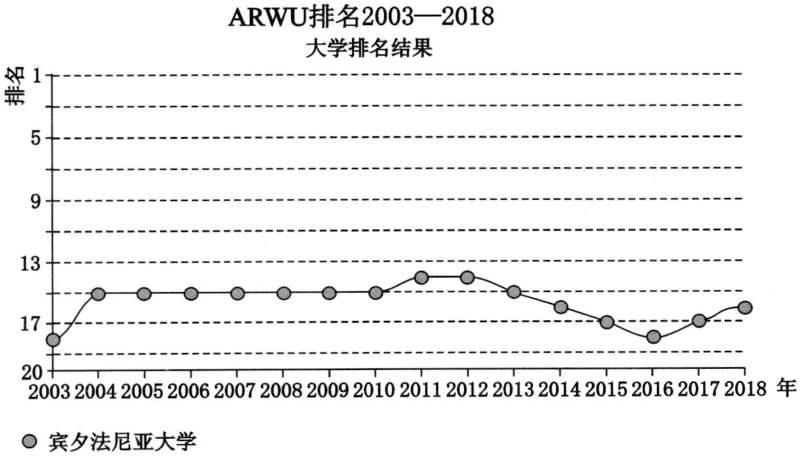

图3－1 宾夕法尼亚大学在ARWU中的排名趋势图

大学是一个相对稳定的机构，提高质量亦是一个漫长的过程，从理性出发，我们可以认为大学排名也应该是相对稳定的，不应是波浪迭起、新闻百出的，但这与商业理性绝对是背道而驰的。当然，我们不能断言商业刊物每年大学排名指标的修订完全是从利润出发的，商业也要可信，也要取之有道，才能持久①。

① 王英杰. 大学排行：问题与对策[J]. 比较教育研究，2008(10)：1－5.

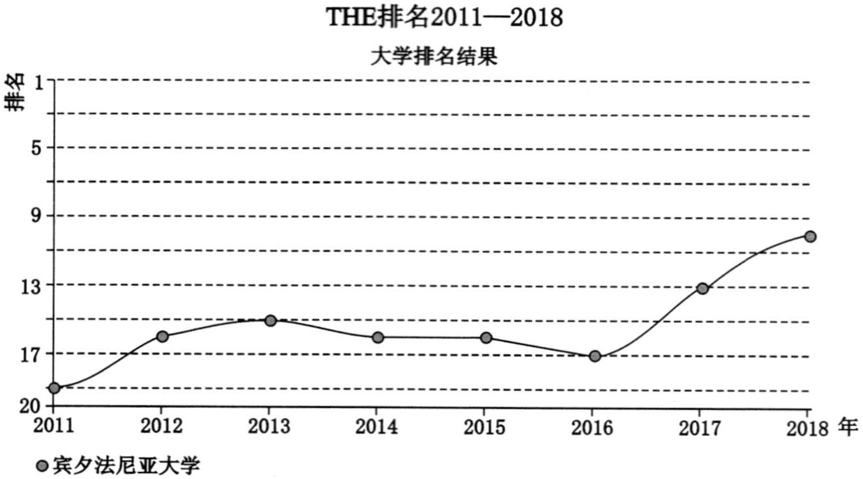

图 3－2　宾夕法尼亚大学在 THE 中的排名趋势图

案例：THE 排名出现的不稳定性

THE 高度重视引用排名。研究指出，计算引用的方法可能会扭曲基准。分数计数方法仅适用于具有高产出论文的作者，这就导致无形中歧视某类大型科技期刊，由此引发了学界对基准测试的质疑，并重申保持数据和方法透明度的重要性。对于大规模的研究成果来说可以使用这种引用率测算方法，但是对于中等的研究成果会受制于这种引用公式。① 作为有效教育指标的引文在许多方面存在问题，将不使用英语作为主要语言的大学置于不利地位。由于英语已被大多数学术团体和期刊采用为国际语言，因此很难找到与英语不同的语言的引文和出版物②。因此这种方法被批评为

① NATT A. The methodology used for the Times Higher Education World University Rankings' citations metric can distort benchmarking[EB/OL]. (2017－10－31)[2018－11－06]. http://blogs. lse. ac. uk/impactofsocialsciences/2017/10/31/the－methodology－used－for－the－times－higher－education－world－university－rankings－citations－metric－ can－distort－benchmarking/.

② VAN LEEUWEN T N, MOED H F, TIJSSEN R J W, et al. Language biases in the coverage of the Science Citation Index and its consequences for international comparisons of national research performance [J]. Scientometrics, 2001, 51(1): 335－346.

不恰当和不够全面①。非英语传统大学的第二个重要缺点是，在社会科学和人文学科中，出版物的主要工具是数字引文记录没有或很少涵盖的书籍。② THE 也因其对教授"硬科学"并在这些领域拥有高质量研究成果的机构的强烈偏见而受到批评，因为此种偏见往往不利于专注于社会科学和人文科学等其他学科的机构。2010 年 1 月，THE 总结了 QS 采用的方法，并代表 QS 进行了这项调查，认为 QS 的方式存在缺陷，即对某些大学（包括伦敦政治经济学院）存在偏见。

THE 新合作伙伴汤森路透的代表评论了这一争议："伦敦政治经济学院在上一次 THE—QS 世界大学排名中仅排在第 67 位——肯定出现了一些错误？是的，而且相当大。"③ 柏林三一学院在 2015 年和 2016 年的排名因其提交的数据中的基本错误而降低，教育管理人员巴拉姆·贝克拉尼亚（Bahram Bekhradnia）表示，这一未被注意的事实表明，对于那些进行此类排名的人来说，"数据检查非常有限"。贝克拉尼亚还认为"虽然三一学院是一所受人尊敬的大学，可以提供诚实的数据，但不幸的是，全世界所有大学不是都这样④。"

一般来说，在校学生并不清楚排名的对象是谁。许多学生，特别是本科生，对高等教育机构的科学工作不感兴趣。此外，教育收费对排名没有影响。例如，法国、瑞典、德国等许多欧洲国家在高等教育机构内提供免

---

① HOLMES R. So That's how They Did[EB/OL].(2006-09-05)[2015-07-12]. https://rankingwatch. blogspot. com/2006/09/so-thats-how-they-did-it-for-some-time. html.

② ENGELS T C E, OSSENBLOK T L B, SPRUYT E H J. Changing publication patterns in the Social Sciences and Humanities, 2000-2009[J]. Scientometrics, 2012, 93(2): 373-390.

③ London School of Economics. LSE in university league tables[EB/OL].(2010-04-26)[2018-11-06]. https://web. archive. org/web/20100429102759/http://www2. lse. ac. uk/intranet/LSEServices/divisionsAndDepartments/ERD/LSEinUniversityLeagueTables. aspx.

④ Trinity removed from international rankings after data error[EB/OL].(2016-07-22)[2018-11-06]. https://www. rte. ie/news/2016/0921/818218-university-tables-trinity/.

费教育方面有着悠久的传统。这意味着将北美大陆的私立大学与欧洲大学进行比较没有意义。①②

第二节 标准和指标缺乏内在逻辑性

同样一个标准，如果思路清晰，内容确定，其具体指标与标准之间应该具有内在的联系性。同一个概念下，不管什么机构，使用的二级指标都应该是大体一样的。但考察四个排名标准与指标的关系，却发现其指标五花八门，没有内在的逻辑性可言。

同类的一级指标对应不同的二级指标。基于引文类指标分析，在 ARWU 排名中，二级指标主要有各学科领域被引用次数最高的科学家数量、被科学引文索引（SCIE）和社会科学引文索引（SSCI）收录的论文数量；在 U. S. News 排名中，二级指标主要有标准化的引文影响、总引用次数、引用率最高的 10% 的出版物数量、占引用率最高的 10% 的出版物总数的百分比、被引用次数最多的论文数量在各自领域中被列为最多 1% 等；而 THE 和 QS 排名中则分别为引文（研究影响力）、单位教职工引用。在这一类指标的测量维度中，U. S. News 排行榜的测量维度达到了 5 个，而 THE 和 QS 排行仅有一个。在科研的测量维度上，ARWU 对应的二级指标为各学科领域高被引研究者人数、《自然》或《科学》上发表论文数和被 SCIE 和 SSCI 收录论文数，而 THE 对应的是学术声誉、研究经费和全职教师人

① STRASSER F. How US students get a university degree for free in Germany[N/OL]. BBC News, 2015 - 06 - 03[2018 - 11 - 06]. https://www.bbc.com/news/magazine - 32821678.

② Anon. Questionable Science Behind Academic Rankings[N/OL]. The New York Times, 2010 - 11 - 14[2018 - 11 - 06]. https://www.nytimes.com/2010/11/15/education/15iht - educLede15.html.

均学术绩效。

同类二级指标所占的权重不同。在 THE 和 QS 排名中，师生比权重分别占 4.5% 和 20%，国际教师权重分别占 2.5% 和 5%，国际学生权重分别占 2.5% 和 5%。在声誉类调查的二级指标上，U.S. News、THE 和 QS 的权重各有不同。其中 U.S. News 排名中，全球研究声誉和区域研究声誉分别占 12.5% 和 12.5%；THE 排名中，教学（学习环境）声誉调查和研究声誉调查则分别占比 15% 和 18%；QS 排名中，学术声誉和雇主声誉分别占比 40% 和 10%。声誉类指标的权重最高相差 25%。

对 QS 排名指标和标准不一致的批评

QS 世界大学排名因其过分强调同行评审，受到许多人的批评，该评分占总分的 40%。有些人对同行评审的执行方式表示担忧。① 在一份报告中②，奥克兰大学的彼得·威尔斯写了《QS 世界大学排名》："但我们也注意到，这项调查通过向大学工作人员提出上诉来确定其排名，甚至提供参与的财务诱惑。工作人员可能会觉得自己的机构排名比其他机构更高，这符合他们的最大利益。这意味着调查结果和排名的任何明显变化都是非常值得怀疑的，并且高排名在任何情况下都没有真正的内在价值。我们强烈反对根据此类公关竞赛的结果对大学进行评估。"

但是，QS 声明，没有调查参与者、学术界或雇主可以获得相应的经济激励，而且没有学者能够为自己的机构投票。这使得这一特定批评无效，因为它基于两个不正确的前提：一是学者目前在经济上受到激励参与，二是学术界能够为自己的机构投票而产生利益冲突。

---

① HOLMES R. So That's how They Did[EB/OL]. (2006-09-05)[2015-07-12]. https://rankingwatch.blogspot.com/2006/09/so-thats-how-they-did-it-for-some-time.html.

② Auckland Branch of the Association of University Staff. Response to Review of Strategic Plan[EB/OL]. [2018-11-06]. https://wayback.archive-it.org/all/20080406192737/http://www.aus.ac.nz/branches/auckland/akld06/AUS-SP.pdf.

以前的院士批评QS使用引文数据库，认为它低估了在社会科学方面表现优异的机构。伊恩·戴蒙德（Ian Diamond），经济与社会研究委员会前首席执行官，现任阿伯丁大学副校长，编辑委员会成员，于2007年致函《泰晤士高等教育副刊》，并表示："使用引文数据库必然产生影响，因为这些数据库没有像自然科学那样广泛涵盖社会科学（或艺术和人文科学）。因此，伦敦经济学院的低位，主要是由于其引用得分，不是一个优秀机构的输出，而是数据库以及伦敦政治经济学院没有大型自然科学基础的平衡这一事实的结果。"①

然而，在2015年，QS引入的教师区域正常化指标确保了QS的排名不再对任何基于其特定学科专业的机构赋予不正当的优势或劣势。相应地，伦敦政治经济学院从2014年的第71位上升到2015年的第35位和2016年的第37位。②

自2009年THE与QS分裂以来，一些专家提出了对QS用于排名方法的进一步关注。

2010年10月，对旧系统的批评来自弗雷德·布克斯坦（Fred L. Bookstein），霍斯特·塞德勒（Horst Seidler），马丁·菲德（Martin Fieder）和乔治·温克勒（Georg Winckler），他们在《科学计划》期刊中提到了QS方法的不可靠性：来自《泰晤士报高等教育副刊》THE数据的几个单独指标基于总体得分，报告的员工与学生比率以及同行评级表现出每年不可接受的高波动。评估大多数"前200名"大学的摘要表格的不恰当性，不论其他批评理由，纯粹是因为这种明显的统计不稳定性。各种指数的变化得

① DIAMOND I. Social sciences lose 1[EB/OL]. (2007-11-16)[2018-11-06]. https://www.timeshighereducation.com/comment/letters/social-sciences-lose-1/311132.article?sectioncode=26&storycode=311132.

② Anon. Faculty Area Normalization - Technical Explanation[EB/OL]. [2018-11-06]. http://content.qs.com/qsiu/Faculty_Area_Normalization_-_Technical_Explanation.pdf.

分中存在太多异常，因为它们在大学管理过程中有用。①

在一篇题为《大学和大学排名的全球化》的文章中，出现在2012年1月/2月的《变革》杂志上，波士顿学院高等教育教授，也是THE编辑委员会成员菲利普·阿特巴赫（Philip Altbach）说："QS世界大学排名是最有问题的。从一开始，QS依靠声誉指标进行一半的分析……它可能是多年来QS排名的显著变化。此外，QS向雇主询问，引入更多的变异性。QS排名是否应该被高等教育界认真对待，这是值得怀疑的。②"

墨尔本大学高等教育学教授，THE编辑委员会成员西蒙·玛根桑（Simon Marginson）在2012年6月10日的《改善拉丁美洲大学全球排名》一文中说："我不会讨论QS排名，因为该方法不足以提供有效的社会科学数据③"。

---

① BOOKSTEIN F L, SEIDLER H, FIEDER M, et al. Too much noise in the Times Higher Education rankings[J]. Scientometrics, 2010, 85(1): 295 – 299.

② Altbach P G. The Globalization of College and University Rankings[J]. Change: The Magazine of Higher Learning, 2012, 44(1): 26 – 31.

③ MARGINSON S. Improving Latin American universities' global ranking[EB/OL]. (2012 – 06 – 10)[2018 – 11 – 06]. http://www.universityworldnews.com/article.php?story=20120606174803978.

第四章　大学排名指标不匹配

深究一下我国高校排名较好的几份国际大学排行榜的排名标准，就能发现主要集中在学术研究方面，以学校师生发表的论文、论文引用数、培养的博士生数等作为评价依据。在这个排名体系中，清华大学确实是靠高引用研究论文胜出。不过，一个明显的事实是，在学校的教学实力、培养学生的能力、毕业生的成就等方面，清华都与麻省理工相差较大。我国高等教育科研侧重于实用主义，硕士、博士不断扩招，衡量科研水平的指标则是看论文的数量、发表论文的档次等。因此，论文数量越来越多，培养的硕士、博士人数也越来越多，这些东西自然就把我国大学在国内和全球的声誉和影响撑起来了，从而收获了理想的排名结果。①

① 关越. 不要急着为清华国际排名欢呼[N]. 工人日报,2015－10－16(5).

第一节 排名不等于质量

一、 排行榜在评价理念上不能反映大学的办学质量

教学、科研、人才培养、学科建设等通常是高校排名的主要评价指标，其中又以科研指标所占权重最大。就如同考试需要打分一样，任何评价体系都要有客观的判断标准，但如果过于强调一部分或某一类标准，就有可能扭曲制度本意。现如今，一些地方政府依据高校排名下拨经费，其中最重要一项参考指标是被科学引文索引库（SCI）收录论文数量。许多院校也发现，要想让学校在排行榜上的名次蹿升，最有效的办法是直接引进戴“帽子”的“人才”。但问题是不同院校有不同的特点，研究型大学重视科研指标没错，但行业型的特色院校不必如此。即便在同一所学校，不同教师所承担的科研和教学任务量也不一致，基础课和专业课教师的教学工作量更是截然不同，用论文作“一刀切”式的衡量，可能会诱导少数工作人员去发表一些“垃圾论文”，甚至为了获取资源而投机取巧，极大地破坏正常的科研生态环境。①

起底“论文大神”②

文章是抄的，身份是假的，没读过大学；5 年发表文章约 800 篇，上

① 扶青.“唯论文”评价模式可以休矣[N].南方日报,2018-08-17(2).

② 张柄尧.起底“论文大神”[N/OL].成都商报(电子版),2016-09-08[2018-11-06].http://e.chengdu.cn/html/2016-09/08/content_574308.htm.

了百余种学术期刊；涵盖物流、经济、美学、心理学、电影等多个领域；供职单位多变，自称专家、教授级高工、首席顾问；“通过剽窃形成成熟、工业化的论文生产流水线”。

2011年起，一位叫董鹏的人，5年里在一些行业报刊和学报学刊发表约800篇文章，大多数为论文。这些文章涵盖现代物流、产业经济学、美学理论、古代学、心理学、电影戏剧等诸多领域，其人可谓“论文大神”。但经《成都商报》记者调查发现，“论文大神”还有另一副面孔——他通过伪造各种高大上的身份，虚构、篡改国家级科研项目，再胡乱弄上一些显赫的论文合作者，就这样在上百种学报学刊上发表署名文章，而且还一稿多投。近日，《成都商报》记者说服董鹏接受采访，他承认自己的抄袭行为并一个劲儿道歉。他坦承自己没上过大学，更无博士学历，诸多合作者也是他乱写上去的。

至于他的真实身份，《成都商报》记者调查发现，董鹏曾是一家普通公司的跟单员，他自称现已离职待业。至于抄袭目的，他称最初只是奔着提高个人知名度而去的……

当今的大学排名是一种精英式的大学质量评估，是基于世界一流大学特征制订的，科研产出、国际顶尖学术期刊论文发表数量等都是重要的大学排名评估因素。但各类型大学有着不同的大学发展模式和办学理念，用一种美式研究型大学的标准去评估各个国家各种类型的高等教育机构显然是不可取的。此外，这种单一的理想模式让许多大学在追求世界一流大学的过程中倍感压力。教学型大学和发展中国家的大学提升排名的过程即是牺牲大学原本所具有的独特的国家特征和独立性格的过程。① 现有全球大

① IESALC. The Position of Latin America and the Caribbean on Rankings in Higher Education[C/OL]. Buenos Aires: Fourth Meeting of University Networks and Councils of Rectors of Latin America and the Caribbean, 2011[2018-11-06]. www.iesalc.unesco.org.ve/dmdocuments/posicion_alc_ante_rankings_en.pdf.

学排名维度单一，存在严重缺陷。在全球性大学排名的具体操作过程中，大学职能往往被进一步窄化为研究职能，造成了大学排名事实上只是对大学研究产出的评价的现状。①

当前大学排名体系往往是通过对世界几大主流科学文献数据库所收录论文的数量、被引次数、高被引论文数等指标进行分类排列，而对于科研成果是否就能反映出一所大学办学质量，问题并不这么简单。

在变量的代表性上，科研的重要性毋庸置疑，但只透过影响因子来判断教职员学术成就，无疑过于狭窄。再者，不同学科对教职员应该存在不同的评核标准，例如理工和医科需要面向未来，重视研究成果的演绎；法律或教育等学科需要同时面向过去，重视经验的累积与归纳，实不宜以“一刀切”的量化评鉴准则来加以论断。②

在学术指标选定上，对于教育质量的理解相对狭隘。在ARWU排行榜中关于学习输出即教育质量的指标仅有一项，即诺贝尔奖和菲尔兹奖获奖校友的数量。显然，该排名只选择了有关学习输出和科研的指标，前者的赋权仅为10%，后者则高达90%。排行榜编制者不会认为大学学术不包含教学，而可能是他们认为没有“客观”的数据支持教学质量的跨国比较。

二、 排行榜在评价方法上不能反映大学办学质量

排名使用的指标和教育质量体系之间的相关性并不可靠。其中最主要的原因在于排名指标对不同类型的高校进行评价时采用同样的标准，很明显无法适用于多样化的办学质量评价。特纳（Turner）以THE大学排行榜

---

① 梁卿. 欧盟“多维度全球大学排名”述评[J]. 比较教育研究，2012(4):40-43.

② https://hk.news.appledaily.com/local/daily/article/20151008/19325118.

为例，对英国大学排名的描述性数据进行重新分析。采用线性规划技术，运用数据包络分析（DEA）方法，对目前排行榜存在的主要问题进行了分析。他认为在既没有绝对的效率标准，也无法区分输入、过程和输出的情况下，排名应该停止对不相似的大学进行比较①。考察各个排名所使用的指标是说明质量测定标准的不确定性的最好方式。笛尔（Dill）等对澳大利亚的优秀大学指南（The Good Universities Guide）、加拿大大学麦克林指南（The Maclean's Guide to Canadian Universities）、英国《泰晤士报高等教育副刊排名》（The Times Good University Guide）、英国卫报大学指南（The Guardian University Guide）、美国新闻与世界报道（U. S. News & World Report）的美国最好大学排名（America's Best Colleges）五个大学排名的重合度进行检验，分析了大学输入、过程、输出、声誉共四个方面的指标，得出不同排名的相似性主要是因为排名采用了大体相同的输入指标（包括教师、学生和财产资源），因此在过程和输出指标上的差别并不会影响排名结果②。与此截然相反的是，埃舍尔（Usher）等对全球 19 个大学排行榜进行研究，讨论排名系统如何作为质量的测量或判断。其主要的发现是，世界上主要的排名系统彼此之间几乎没有什么关系，而是使用了截然不同的指标和权重来达到测量质量的目的，而这些排名也体现了不同的质量观。③ 派克（Pike）也在研究中发现："全美大学生认同感调查"（National Survey of Student Engagement）信息与 U. S. News 排名并无什么直接联系④。这表明学生对其教育经验的印象受到多种输入变量的影响而非排行榜所衡

① TURNER D. Benchmarking in universities: league tables revisited[J]. Oxford Review of Education, 2005, 31(3): 353 – 371.

② DILL D D, SOO M. Academic quality, league tables, and public policy: A cross – national analysis of university ranking systems. Higher Education, 2005, 49(4): 495 – 533.

③ USHER A, SAVINO M. A World of Difference: A Global Survey of University League Tables[R]. Toronto: Educational Policy Institute, 2006.

④ PIKE G R. Measuring Quality: A Comparison of "U. S. News" Rankings and NSSE Benchmarks [J]. Research in Higher Education, 2004, 45(2): 193 – 208.

量的高校特色。布洛克（Brooks）对大学声誉、教师科研生产力、学生经历、成就等指标与质量之间的关系进行实证研究，发现两者并没有显著性关系①。更有批评指出，并不是所有学科对某种特定类型的成果的价值都能够被同等认可。伯格（Bergh）等指出一些特定类型的论文被更频繁地引用，会对某些学科产生不利的评价影响，歪曲对学术结构的质量判断②。

排行榜使用的一些典型分类指标（声誉、教师科研成果、学生学业成果等）与质量之间的关联还缺乏理论性和实证性的依据。③ 大学排名的指标并没有对高等教育质量进行全面的考察，存在着片面引导高校发展及公众注意力的可能。例如大学排名在指标上普遍存在着投入指标在数量及权重上都明显超过了产出指标的问题（参见表4－1）。而且，在产出指标中又以科研指标为主，缺少对于教学效果即对学生的影响的指标。这种导向易使公众过分关注院校所能获得的资源，将投入等同于质量，导致院校在发展的过程中只注重资源的索取，而忽视资源的利用效率。④

表4－1　大学排名体系的指标分布

	投入					教学产出		科研		声望评价	
		师资水平		资源							
	新生质量	教师质量	师生比	财政经费	图书馆等基础设施	毕业率	在校生及校友获奖	论文	获奖	同行	雇主
THE			√					√		√	√
U. S. News	√	√	√	√		√					
ARWU		√					√	√	√		
QS		√	√					√		√	√

① BROOKS R. Measuring University Quality[J]. The Review of Higher Education, 2005, 29(1): 1－21.

② BERGH D D, PERRY J, HANKE R. Some predictors of SMJ article impact[J]. Strategic Management Journal, 2006, 27(1), 81－100.

③ BROOKS R. Measuring University Quality[J]. The Review of Higher Education, 2005, 29(1): 1－21.

④ 邬义欢，王绯烨. 大学排名：功能及其局限[J]. 大学(研究与评价), 2008(10): 75－78.

一般排名都倾向于大学的科研成绩，而牺牲了教学质量，虽然一些排名设计了诸如“招生选拔性”“班规模”和“馆藏图书量”等与教学相关的指标，但是这些指标基本上是与大学教学输入端相关的，并不一定能准确反映大学教学的输出端——质量。① 美国著名高等教育学家阿特巴赫（Altbach）2006 年指出，“实际上，没有广泛接受的测量教学质量的方法，评价教育对于学生的影响是一个远未得到探讨的领域”②。排名对于科研的偏好无疑强化了当前大学趋同的世界性趋势，使得原本存在的、适应不同社会需求的、不同类型的院校向综合性研究型大学靠拢，大学在纵向上的差距被排名人为地膨胀了，与此同时掩盖了高等学校在横向上的差别。③ 有研究根据 THE 大学排行榜指标测算发现，不同指标之间存在比较高的多重线性关系表明不同指标之间有相当大程度的重叠，有的部分是冗余的。多重线性问题主要发现在教学、科研和引用维度中，教学和研究的相关性很高，且教学与总体的相关性也很高，而且教学与引用的关系更高。这表明，研究可以保留，引用可以保留。同时，产业收入是可以保留的一个指标。这种多重线性问题导致了估计的不稳定和不可信④。

排行榜重“指标”，大学育人功能如何提升⑤

为什么今天要讨论育人？因为这个是非常现实又非常长远的问题。我们现在所处的这种景象，在 20 世纪七八十年代的美国同样存在过，学校把更多的精力用来抓科研，而高等教育的人才培养则受到了削弱。1983 年，美国一份名为《国家处在危机中》的报告，讲的就是基础教育面临的危

① 王英杰. 大学排行：问题与对策[J]. 比较教育研究，2008(10)：1－5.

② Marginson S，VAN DER WENDE M. To Rank or to be Ranked：The Impact of Global Rankings in Higher Education[J]. Journal of Studies in International Education，2007，11(3－4)：306－329.

③ 王英杰. 大学排行：问题与对策[J]. 比较教育研究，2008(10)：1－5.

④ KAYCHENG S. Multicolinearity and Indicator Redundancy Problem in World University Rankings：An Example Using Times Higher Education World University Ranking 2013—2014 Data[J]. Higher Education Quarterly，2015，69(2)：158－174.

⑤ 袁振国. 排行榜重“指标”，大学育人功能如何提升[N]. 文汇报，2017－05－19(6).

机，而基础教育的背后是高等教育，美国的高等教育受到严重的质疑。这个时候，美国从国家到学术界都觉得，要解决大学的人才培养质量的问题，要重新考虑怎么保证人才培养质量的问题。他们提出了一个评价标准，这个标准成为看待一个学校好坏和学校成效主要的指标。笔者在这里介绍其中的六个主要指标——

第一，有哪些证据表明学生个体在大学期间所发生的变化。学生四年以后发生什么样的变化，如何证明学生的变化是因为进了大学才会发生的，必须要有证据。比如，某些知识他以前没有，有些能力他以前没有，思维方式也是以前没有的，所有这些，都要有证据。

第二，有哪些证据表明学生在大学期间的变化或者发展，是进入大学的独特结果。学生可以学知识，也可以掌握某些能力，而只有大学能给他的东西到底是什么？大学的同伴？大学提供的营养？大学给他的东西？证据在哪里。

第三，有哪些证据表明不同的大学对学生在大学期间的变化或发展有不同的影响。比如，你上北大、清华和华东师范大学，不一样的地方是什么呢，要拿出证据告诉我。为什么某个大学能这么好，是什么原因造成的？如果不上这所学校而上其他的学校，学生会不会有不同的发展？这些也需要证据。

第四，有哪些证据表明学生在同一大学中的不同经历，对学生的变化或发展有不同的影响。

第五，有哪些证据表明大学经历对不同类型的学生变化或发展的影响是不同的。比如，每个人的才华都是不同的，大学怎么能让学生获得不同的支持与发展。

第六，有哪些证据表明大学教育的长期影响。当一个学生 10 年或 20 年之后回顾大学生涯的时候，他会说他有哪些能力、哪些技术或者哪些思想是通过大学习得的。

三、排行榜标准在评价结果上不能反映大学办学质量

（一）评价结果报告方式不能反映大学办学质量

目前的排名武断地将不同类型的指标加权，然后相加得出大学的整体排名，这种排名减少了原设计指标的效度，扭曲了指标原来设定的目的与评价结果之间的关系。U. S. News 为了回应对于其整体排行的批评，聘请了全国舆论调查中心的一位专家来评价自己的排名方法。但是，事与愿违，该专家经过深入的研究，认为："目前方法主要的不足是使用权重把若干测量结合起来构成一个总体的评价的做法，缺少可靠的实证或理论基础。"①

基于各种完全不同意义的指标进行加总并得出总分，这种方法本身就存在着理论上的缺陷，过于简单化，"在数学上……也是站不住脚的"。② 如表 4－2 所示，左栏是埃舍尔（Usher）和萨维诺（Savino）对指标作出的分类；右栏是从现有文献中整理出的支持指标，是一种质量量度的实证性研究。埃舍尔和萨维诺指出，排名系统的作者们相信，每个指标都是合适的质量标示符，经过适当的加权和加总，这些指标就可以构建出合理而完整的质量"概念"。而我们的结论是，绝大多数指标可能只是一些潜在特征的附带现象，它们是无法测定的未知数，这其中包括学校校龄、教师规模、生均开支等。③

---

① MACHUNG A. Playing the Ranking Game[J]. Change: The Magazine of Higher Learning, 1998, 30(4): 12－16.

② TURNER D. Benchmarking in universities: league tables revisited[J]. Oxford Review of Education, 2005, 31(3): 353－371.

③ USHER A, SAVINO M. A World of Difference: A Global Survey of University League Tables[R]. Toronto: Educational Policy Institute, 2006.

表 4-2 埃舍尔和萨维诺对作为质量量度的指标的文献回顾（2006）①

评估指标	从文献中析出的实证性研究
1. 学生质量： （1）新生的品质与能力 （2）全国标准化考试成绩 （3）获得奖学金的比例 （4）学校的选拔性 （5）国际学生	●高中平均成绩（GPA）与学业成就具有密切联系。 ●美国大学入学考试（ACT）的各项成绩与学生学业成就具有密切联系。 ●学生以前的成绩能够对其学业成就作出很好的预测。 ●在对九项有关加拿大中学后机构“学术水平测验”（SAT）预测有效性的研究进行回顾后可以断定，SAT 的成绩最多只能作为高中平均成绩的补充参考，而且应谨慎用于对学业成就的预测。 ●“学习量表”（Studying Inventory）这种方法只能预测大一学生的成绩，而不能预测入学成绩。 ●年龄和性别能够预测学业成就。 ●对有色人种学生来说，非认知变量能对学业成就作出更好的预测；没有实证性的证据支持国际化与质量改善之间的相关性。
2. 教育投入： （1）资源 （2）现有的财力和物力资源经费（公共和私人）	●没有实证性的证据支持这类指标。但是，可以确定的是，SAT 平均分、高中毕业班中前 10 名学生的比例、院系资源、学生选拔性、财力资源和校友捐赠等指标只适用于某一类高校。高度选拔性的高校一般师生比都比较低，而私立大学每年往往会获得高额的捐赠。
3. 教育投入： （1）教师 （2）师生比 （3）课时数的分配 （4）教师资格	●适当的师生比、高比例的学生继续深造以及高比例的具有科研能力的教师，对提高科研业绩具有很大的相关性。 ●通过院系满意度能够对学生大学第二年的平均成绩作出很好的预测。

① 萨尔米，萨拉杨，王利兵，等. 作为政策工具的大学排行榜[J]. 教育研究，2010(1)：59-68.

（续表）

评估指标	从文献中析出的实证性研究
4. 教育产出： (1) 技能的获得 (2) 学生巩固率 (3) 学业完成率	●毕业生对课程质量的评价、在校生的晋级率和流失率、毕业生的就业能力，在很大程度上会对学校的科研业绩造成影响，并可能存在两个方面的原因。 ●如果课程巩固率和完成率都得到了改善，那么就只能通过测量效果来判断培养项目的质量，因为对学位项目的满意度以及培养项目的有效性也可以反映出教育质量。与完成学业相关的其他因素还包括财政支持的体系、学术活动的水平、专业社会化的程度、学业进步的速度等。
5. 最终成果： (1) 就业率 (2) 研究生学习回报率 (3) 收入 (4) 工作满意度 (5) 成为良好公民	●在一些针对学生教育经历及其社会贡献和工作成就的研究中，尽管研究结论普遍是积极的，但是也有批评认为没有进行全国性的取样，同时也漏掉了硕士生和专业学院的学生。
6. 科研质量： (1) 论著发表和引用 (2) 成果的学术质量 (3) 科研经费 (4) 科研型教师数 (5) 专利数	●在教育学科中，论文、著作和重大科研资助项目这三个主要指标的情况都要取决于认证过程，而由此引发的争议在科研产出方面的所有争议中占到81%。 ●少数高频引用的论文比多数引用率低的论文更有助于提高声誉。 ●有些类型的论文很容易被频繁引用，这种状况往往会造成高校科研质量的假象，从而对某些学科带来不利影响。 ●有关这方面变量的一个主要问题是排名只对重要的文献源进行统计。但实际上，并非所有学科都认为同一种文献将有价值。 ●对多数大学来说，“优秀教师奖”和国家科学院院士之类的标准设置得太高，以致无从对质量进行鉴别，而且也漠视了大多数高校教师从事的多样化的活动。同时，由于很多指标主要衡量的是科研活动而非质量，因此它们对大型科研项目更为有利。

（续表）

评估指标	从文献中析出的实证性研究
7. 声誉：对雇主、学者和学术管理人员的调查	●从校友调查和毕业生就业报告来看，毕业生的就业能力与其学位有关而非他们就读的大学。

由于多数大学排名最终仅仅只给出了某一院校的一个名次或分数，因而经常遭到误用：用人单位争相雇用排名靠前的院校的毕业生，而忽视了排名是否反映了自身所需要的学生的素质；院校只顾争取在名次中的上升，而忽视了自身的优势和特色；家长及学生竞相选择顶级学校，而没有注意到院校是否符合自己的发展趋向。总之，排名没有提供有针对性的信息：没有说明排名靠前的高校好在哪里，也没有说明排名靠后的高校差在哪里、是否所有的方面都差、可以如何改进，更没有说明排名靠前、靠后的高校之间的差距在哪，以及排名在多大程度上是可信的。①

（二）过去数据不能反映当前质量

大学排名的指标偏重过去的成绩，预测未来的功能有限。大学排名的功能就在于评价以往的成绩，要求其预测未来似乎强人所难，但是有些指标的设定过于偏重过去。

多数诺贝尔奖获得者获奖之时都是在大学毕业十几年甚至几十年之后，我们很难用某诺贝尔奖获得者在某大学学习时的质量说明该大学今天的教学质量。同样，许多诺贝尔奖获得者在获奖时早已经离开了其从事研究时所在的院校，但是分数却加在了其获奖时所在的院校。高引用率论文的教师的数量这一指标却正好相反，把分数加给了高引用率论文的教师被排名时所在的院校，回避了论文被大量引用时教师是否在该校工作，似乎

① 邹义欢，王绯烨. 大学排名：功能及其局限[J]. 大学(研究与评价)，2008(10)：75－78.

这一指标又注重了被排名大学当前的状况。这不能不说在指标设计的指导思想中，存在着内在逻辑的不一致。①

各个排名系统对质量进行了截然不同的定义，导致大学之间质量表现的不可比较。排名的制作者误以为指标所衡量的大学质量近似合理，对这些指标赋予权重之后进行汇总就能得出似乎全面的“质量公式”。埃舍尔（Usher）等人的研究表明大多数指标可能是某些未被测量的基本特征的从属特征（一些隐性因素，可能是大学的历史长短、师生数量和生均支出）②，因此并不能涵盖全面的质量评价。在 THE 排名和 ARWU 排名中，同时出现在两个排名的前 50 位的大学只占 42%，其中只有 1 所大学在两个排名中的名次完全一致，24% 的大学在两个排名中的名次差异在 5 名以内，8% 的大学的名次差异在 10 名以内，还有 22% 的大学名次差异在 10 名以外。对比 2005 年 THE 排行榜和《麦克林》排行榜中加拿大大学的名次，前两名大学的名次是一致的。对比 ARWU 排行榜和《麦克林》排行榜，只有一所大学的名次一致。总体看来，前八名的大学排名比较接近，之后的大学排名则差异较大，表明大学排名系统之间对质量表现并没有取得一致，也很难以某个大学的排名来衡量大学的质量状况。

---

① MACHUNG A. Playing the Ranking Game[J]. Change: The Magazine of Higher Learning, 1998, 30(4): 12 - 16.

② USHER A, CERVENAN A. Global Higher Education Rankings: Affordability and Accessibility in Comparative Perspective, 2005[R]. Toronto: Educational Policy Institute, 2005.

第二节 指标与质量脱节

一、 大学的教学表现不能局限于师生比及获得的奖项

从四大排行榜的指标设置情况来看，不同程度地存在用师生比和高校所获得的奖项来衡量教学水平的情况，很明显这样的指标难以覆盖大学的教学表现。大学的教学表现应该涉及具体的教学理念、教学研究、课程与教学支持、教师教学发展、教学评价和教育技术应用等①，而非仅仅是形式化的人数对比与奖项的获得。采用师生比例作为评价高校教学质量的指标，其数据来源的可靠性仍然存在问题。除了难以获得数据外，每所大学的师生数量也不一致；有时学校可能夸大师生数量，导致指标不能反映教学质量和学习环境。教学质量必须基于大学生就读经验进行评估。排名通过杰出校友的数量来查看大学教育产出质量不具有说服力，杰出校友只占大学毕业生的极小部分，其成就很难反映大学的整体教育质量。

ARWU 和 THE 在其二级指标设置上也存在诸多漏洞。ARWU 的一级指标“教育产出”所对应的二级指标是获得诺贝尔奖和菲尔兹奖的校友数。由于诺贝尔奖和菲尔兹奖的数量是相当有限的，ARWU 用师生获得的诺贝尔奖和菲尔兹奖、各学科领域引用次数最高的科学家数量和大学人均

---

① 崔军，汪霞．本科教学质量保障：麻省理工学院的教学促进系统[J]．中国高教研究，2013(11)：51－56．

学术表现来衡量教育标准。获奖校友是指一所大学的校友获得的诺贝尔科学奖（物理学、化学、生理学或医学、经济学）和菲尔兹数学奖的折合数，校友则是在一所大学获得学士、硕士或博士学位的人。获奖者根据获得学位的时间早晚被赋予不同的权重，每回推十年权重递减 20%，如 1991—2000 年取得学位的获奖者权重为 100%，1981—1990 年的权重为 80%，1951—1960 年的权重为 20%。最后计算 1951 年以来的获奖折合数。但是这样的指标设置只对区分极为顶尖的大学较为有效，而对绝大多数大学无法作很好的区分——在 2006 年度 ARWU 排名前 500 名的大学中，其中 303 所大学在这一项的得分均为 0。显然，我们很难认为所有这 303 所大学的“教育水平”是相同的。THE 的教师表现对应的二级指标也存在相似问题。THE 的一级指标“师资水平”所对应的二级指标是师生比。师生比固然是教学水平提升的保证，能够从一个侧面反映出一所大学的教学水平，但它毕竟只是个间接反映教学水平的指标，仅以师生比作为“教学水平”的二级指标似乎有失严谨。

获奖教师是指一所大学的教师获得的诺贝尔科学奖（物理学、化学、生理学或医学、经济学）和菲尔兹数学奖折合数，按照诺贝尔基金会网站等公布的获奖人所在单位统计。同样按照每十年递减 20% 权重的方法。当一名获奖人同时署名两个单位时，各记 0. 5 分。诺贝尔生理学或医学奖被同时用于生命领域排名和医科排名。高引用教师（HiCi）是指一所大学在各大学科领域被引用次数很高的教师总数。根据汤姆森国际科学指标数据库（Thomson Scientific）公布的 20 年来在 21 个学科内被引用次数处在前 250—300 名的研究人员统计，共计 5 900 人左右。这 21 个学科被分别归入 5 个大学科领域中，如果 1 名研究人员同时出现在多个学科，他在每个大学科领域的权重就是涉及学科数的倒数。由于心理学/精神病学（Psychology/Psychiatry）涉及社会科学、医学、生命科学等多个大学科领域，跨学科现象非常突出，所以该学科的研究人员没有被用于领域排名。此外，对

“社会科学，综合”（Social Science，General）学科内的研究人员进行了逐个查找并按照工作单位重新归类，如果研究人员隶属心理学或精神病学相关的系所，在排名领域中他们就会被排除；如果研究人员的工作单位为医学院、公共卫生学院、护理学院等与医疗卫生相关的院系，他们就会被用于医科领域排名；该学科下的其他研究人员被用于社科领域排名。在排除局部专业领域的情况下，只会进一步增加统计结果的误差，最终计算出来的大学教学表现不是过于局限就是存在偏差。

二、 科研水平不能用出版物引用率、 论文发表来代替

世界大学排名科研指标过分强调传统知识产出，即强调不同学科的同行评议期刊论文和被引次数，也就是说，它们只强调了学术论文在学术同行之间的影响①。因此，这种评价方式仍然体现的是传统科学知识质量监控模式，即新知识的有效性和合法化都要经过学术共同体认可，并主要以学科内部相关同行以引证、评论和应用等不同形式的评价进行检验，主要以学术价值为评价的核心指标。然而，这种传统评价方式对当前新知识生产方式下的科学知识无能为力。为提升本校的科研水平，大学完全可以通过高薪聘请高被引专家学者，或通过利益联盟提高本校所发表的论文的引用率，甚至通过各种手段号召同行评议专家给予本校更高的分数，因此，并不能代表本校实际的科研水平。

从大学排行榜具体的科研评价指标来看，论文数是指一所大学过去两年被 SCIE 和 SSCI 收录的各大学科领域的研究论文数量。一所大学的研究论文总数通过直接检索科学网（Web of Science）网站获得，其中只包括研

① 武学超.世界大学排名科研测评的影响与缺失[J].中国高教研究,2010(3):43－46.

究论文（Article）而不包括评论或快讯等。每所大学的研究论文根据发表的期刊所对应的学科条目（Subject Category）被划分为六个大学科领域，即排名的五个大学科领域与其他未分类领域。发表在跨学科领域期刊上的论文按照期刊所涉及的学科领域进行相应拆分。而高质量研究论文是一所大学过去两年在各大学科领域的所有研究论文中发表在前 20% 的期刊上的比例。前 20% 期刊定义为各学科条目内影响因子处在最高 20% 的期刊。为了避免由少量刊载在跨领域期刊上的论文对某一领域的统计结果产生歪曲，该指标的计算设置了论文数的底线，一所大学在某一学科领域的论文数必须超过全世界在该领域发文最多的三所大学的平均值的 10% 并且不少于 100 篇，才计算这所大学在相应学科领域的该项指标，否则该指标的权重被分配到其他指标上。

进一步考察 ARWU 和 THE 的二级指标后，便可以发现两者在评价同一对象——“研究”时，为什么会出现如此大的偏差。原来 ARWU 所使用的二级指标是：在《自然》和《科学》两种杂志上发表的论文数；被科引文索引（SCI）和社会科学引文索引（SSCI）收录的论文数。而 THE 所使用的二级指标是师均被引用次数。“论文数”主要反映的是发表论文的数量，而“被引用次数”主要反映的是发表论文的质量。到底考察“数量”还是“质量”，从来都是大学排名必须面对的问题。但像 ARWU 和 THE 都只偏重某一方面的指标体系，显然是存在缺陷的①。ARWU 的排名号称为“世界大学学术排行”，但是其对学术的定义显然完全偏向了科研，他们相信排名唯一可信的数据是可以广泛获得的、国际上可比较的、可测量的科研成绩数据。因此在指标选定上，只选择了有关学习输出和科研的指标，前者的赋权仅为 10%，后者高达 90%②。关于学习输出，指标仅有

---

① 梁爽. 世界大学排行质疑[J]. 煤炭高等教育,2007(4):85－87.

② 王英杰. 大学排行:问题与对策[J]. 比较教育研究,2008(10):1－5.

一项，即诺贝尔奖和菲尔兹奖获奖校友的数量，显然对于科研发展水平的理解也是相当狭隘的。THE 和 QS 世界大学排名试图评价更广域的大学学术活动，将同行评估和调研相结合，但同行评估主要是对科学研究的声誉进行评定，并且仅限于英语国家。毫无疑问，这些科研评估指标只能是“学科”评价性的，难以测评跨学科学术研究成果。然而，在创新型国家建设战略和高等教育国际化不断深入的背景下，跨部门和跨国科研合作日益加强，如何评价这些合作性科技论文是目前世界大学排名科研指标的一大难题，更何况用局限性强又漏洞百出的学科指标体系来评价大学的科研发展水平。

三、 国际化水平不能用国际师生比例来衡量

大学的国际化表现以服务学校的核心职能为基础，并呈现出开展世界一流的科学研究、培养未来各领域的领导者、提供世界一流的知识转化和咨询服务等内容特征①。可以由横向和纵向两个维度构成：横向维度分为内向国际化和外向国际化；纵向维度包括教育理念的国际化、人员构成与交流、教学的国际化、科研的国际化以及管理运营的国际化②。仅用国际与国内学生比例、国际教师和学生比例来衡量大学的国际化水平，未免过于单薄和狭隘。不同国家的高等教育体系差异巨大，不同利益群体对大学水平的期望也不尽相同，再加上获得国际可比数据的难度很大，所以很难对大学的质量进行全面系统的国际比较。

---

① 冯倬琳，刘念才．世界一流大学国际化战略的特征分析[J]．高等教育研究，2013，34(6)：1－8．

② 张妍．大学国际化水平评价指标体系的构建[J]．中国高等教育评估，2012(1)：13－18．

除 ARWU 指标中无直接涉及外，QS、U. S. News、THE 都将国际化水平作为关键的指标体系组成部分。根据乔利（Jolley）的观点，高校国际化水平应该包括以下几点：无论是全日制留学生还是短期出国学习，学生都可以自由流动；教育者是在多元文化背景下开展工作；随着需求的不断增长，新教师和学术人员招聘时既面向国际又面向国内；大学的预算越来越依赖于教育服务市场的国际化；具有相似理念的同层次组织之间提供双学位和联合资格证书；在保留本国文化特点的前提下适应国际化的教学或学习；职业劳动力市场的国家化使得毕业生可以获得国外大学的资格证书①。由此看来，各大排名对于高校国际化水平的简化处理，用国际师生比例来代表国际化发展状况，很难让人信服。

第三节　指标分数之和不能反映整体质量

一、分项指标合成结果不能代表整体质量

大学排名的指标并没有对大学办学标准进行全面的考察，存在着片面引导高校发展及吸引公众注意力的可能。例如大学排名在指标上普遍存在着投入指标在数量及权重上都明显超过了产出指标的问题。而且，在产出指标中又以科研指标为主，缺少对于教学效果即对学生的影响的指标。这

---

① JOLLEY A. Exporting education to Asia[M]. Melbourne:Victoria University Press for the Centre for Strategic Economic Studies,1997.

种导向易使公众过分关注院校所能获得的资源，将投入等同于质量，导致院校在发展的过程中只注重资源的索取，而忽视资源的利用效率①。就数据收集而言，存在的最大问题在于，某些指标所对应的数据很难完整收集。这就可能导致评价者只能把某些效度较高的指标忍痛割爱，转而采用其他效度较低的指标。这也是某些二级指标无法准确反映一级指标的重要原因②。

每一个大学排名系统都建立于特定的价值理念基础上，企图用所获取的有限数据来反映全面的大学办学表现，但由于指标设计的缺陷，从数据采集到数据处理、使用和公布的过程远远偏离了大学的办学水平的表现。

ARWU 的评价主体是上海交通大学的“世界一流大学研究中心”，从性质上讲，该研究中心属于民间机构，但却不是媒体，这也就意味着ARWU并不是通过提供信息来赢利。换句话说，ARWU 并不承担着为学生、家长或社会提供信息的使命。事实上，根据“世界一流大学研究中心”自己的说法，ARWU 的初衷是“寻找我国大学与世界一流大学之间的差距，尤其是学术或研究成果方面的差距”，ARWU 完全是出于“学术兴趣”，没有获取任何的“外部支持”。由此看来，ARWU 的目的并不在于全面评价高校办学水平，只是为了满足“学术兴趣”的目标，这也导致了该排名系统过于局限于大学科研表现的弊端。

THE 设置了 5 个一级指标：同行评价、雇主评价、教学水平、研究水平和国际化程度。这一指标体系设置至少存在两个难以解释的问题。其一，国际化程度与教学水平、研究水平的关系到底是什么？与 ARWU 的问题不同，国际化程度在理论上确实不与教学水平、研究水平二者相互覆盖，但是“教学水平 + 研究水平 + 国际化程度”又等于什么呢？其二，同

① 邹义欢，王绯烨. 大学排名：功能及其局限[J]. 大学(研究与评价)，2008(10)：75 - 78.

② 梁爽. 世界大学排行质疑[J]. 煤炭高等教育，2007(4)：85 - 87.

行评价与雇主评价属于主观评价，后三者属于客观评价。THE 的指标体系中，主观评价与客观评价的关系是什么呢？THE 并没有作出明确的解释。但显然，这五者之间不是并列的关系。因为在同行评价中，问卷要求被调查者选出他们认为最顶尖的大学；在雇主评价中，问卷要求被调查企业选出他们最愿意从哪些大学雇佣员工。可见，无论是同行评价还是雇主评价，所考察的都与后三者有所重叠。那么，我们只能将其理解为：评价者认为主观评价和客观评价都是对同一评价对象作出的评价，只是方式不同。评价者希望引入主观评价来实现“三角互证”，证明其客观评价指标设置的合理性。

U. S. News 同样存在类似问题，排名系统只涵盖了部分大学办学水平。以美国的里德学院（Reed College）为例，由于该校拒绝向 U. S. News 提供数据，因此排名中使用了估计值，致使该校处在全国排名的最低一档。但是排名公布以后该校的申请者数量并没有发生明显变化，而且有不少 SAT 得分较高的学生申请该校并被录取。时至今日，里德学院仍然是美国最好的、选拔程度最高的文理学院之一，这表明 U. S. News 在评价大学综合表现方面的“失效”，其个别指标的缺失，在最终汇总阶段出现的巨大误差足以使人警醒。

二、 指标得分不一致不能反映学校真实面貌

不同的世界大学排名机构使用不同的标准进行排名：一级指标主要涉及教学、师资、科研、声誉等维度。科研能力是唯一被五种排行榜都纳入的一级指标，它反映了科学研究在全球知识型经济可持续发展中的核心地位；除 U. S. News 外，其余四种排行榜均将教学质量纳入了一级指标体系中。

大学排行榜其指标体系存在内部不一致的现象，不能反映学校真实面貌。① 以各排行榜中排名第二的高校为例说明以下指标存在测量维度的不一致。在 THE 排名中为行业收入指标；在 ARWU 排名中为教育质量、师均表现；在 QS 排名中为国际学生；在 U. S. News 中表现为与国际合作的出版物总数的百分比（如图 4－1、4－2、4－3、4－4）。

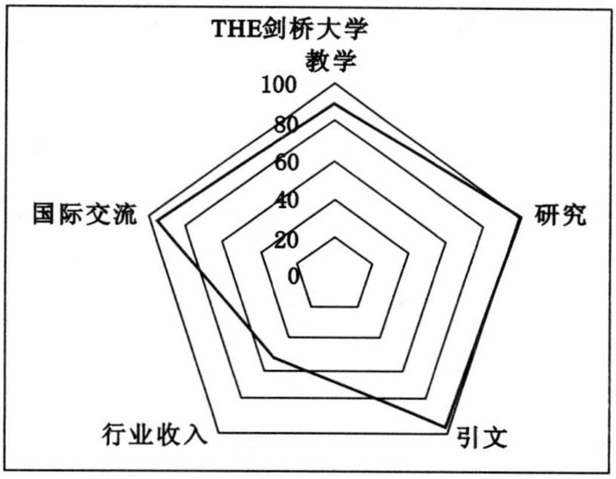

图 4－1　剑桥大学各项指标得分在 THE 排名中的分布

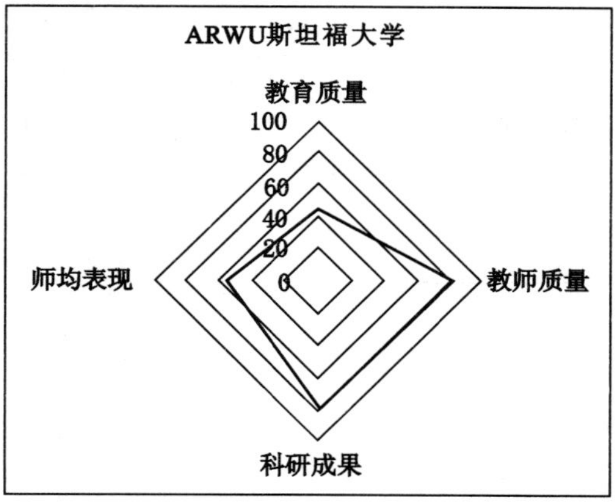

图 4－2　斯坦福大学各项指标得分在 ARWU 排名中的分布

① 数据来源：2018—2019 四大排行榜中排名第二的高校，根据对各指标项得分进行统计。

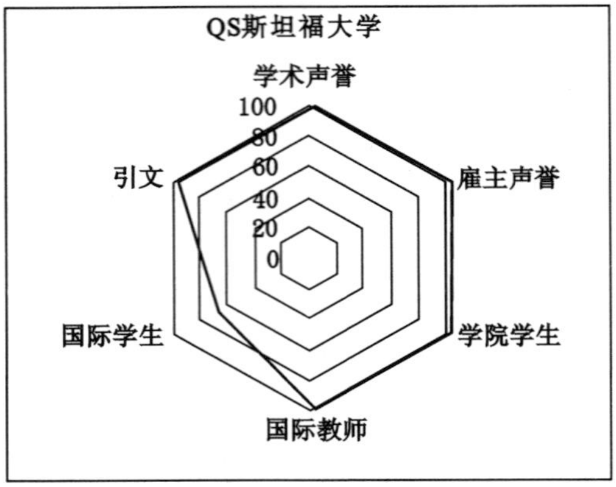

图4-3 斯坦福大学各项指标得分在QS排名中的分布

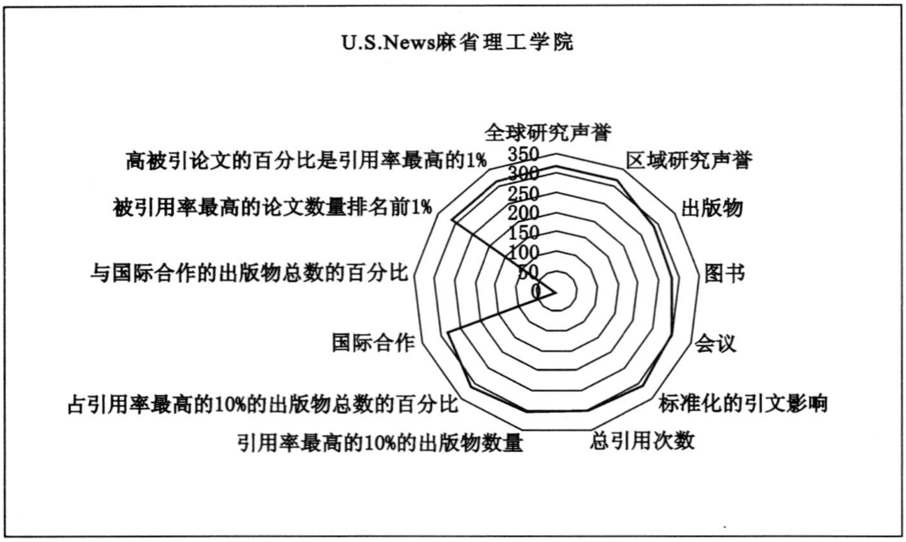

图4-4 麻省理工学院各项指标得分在U. S. News排名中的分布

第五章　大学排名数据不可靠

各类排名指标繁乱，由于排名结果受很多因素的影响，其客观、公平性也饱受质疑。立体的学校经过排名的线性简化，是否仍具有代表性？排名目的、指标体系、统计方法等任何一点改变都会对最终结果造成冲击。因此，学校还是那个学校，没做任何改变就被贴上不同的标签，普通“消费者”如果不仔细研究排名背后的指标和算法，难免会感到困惑。再加上一些排名机构标准制订得不够严谨，过程不透明，数据不公开，这样得出的排名不但不能发挥积极作用，反而会误导关注者①。

大学排名从大学直接提取的数据可能缺乏信度。在2008年1月召开的经合组织教育部长有关高等教育成绩评价非正式会议上，部长们认为，“大学排行和（大学）国际‘分类排行榜’……可能会导致院校行为的扭曲”。美国的一项研究表明，雇主们付给排名靠前的商学院毕业生更高的工资，即使他们知道某些排名并不太靠前的商学院教学质量较高，他们也

① 麦可思. 大学排行榜靠谱吗？[N]. 北京日报,2014－10－15.

不会给予这些学院的毕业生较高的工资①。于是，在不太知名的商学院学习的学生在回答排行调查时就刻意给出对就读院校非常满意的回答，甚至一些学院的领导授意学生如何填写类似的问卷。毋庸置疑的是，大学排名给大学造成的巨大压力导致了一些大学的扭曲行为。

① 王英杰. 大学排行：问题与对策[J]. 比较教育研究，2008(10)：1－5.

第一节 数据获得的主观性、随意性

当下大学排名许多评价标准的有效性值得怀疑。其中声誉是最具争议性的，如果仅对少数几所大学排名，使用声誉调查来排名可能不会引发多少争议，因为学界和社会对少数几所最优大学会有大致的共识。但是，通过声誉调查为所有大学排名注定是问题百出的。U. S. News 对校长、教务长和招办主任等进行大学声誉调查，回复其问卷调查的人数日趋减少，2003 年 67% 的接受调查者回答了问卷，到 2006 年就下降了 6 个百分点，那些回答了调查问卷的也只给问卷所列受评院校的 56% 打了分。美国 24 所文理学院的校长联合抵制 U. S. News 声誉调查，反映了大学对声誉指标及其权重的不满。ARWU 和《卫报》的排名根本就没有设定声誉指标，而 THE 赋予声誉指标高达 33% 的权重，很难看出其依据在哪里。

一、 大学的 “光环效应” 导致同行评议的 “好评”

QS 和 THE 的大学排名中参考大量同行评议收集来的数据。研究显示，大学排名中的同行评议仅仅是一种调查而不是真正的学术评议，存在着“调查回收率极低、评议专家往往依据刻板印象进行评价、基于光环效应对著名大学或著名学者的评价产生正偏向”等问题。THE 的专家调查是由一家伦敦的公司完成的，雇员主要是各学科硕士和工商管理硕士，有极大的概率可能导致专家调查偏向某些专业或学科。有研究表明，评审专家对本校的评价将高于其他单位的学者对该校的评价，这与评价理论中的“宽大”效应相符，即自我评价的结果要好于他人评价。同时，被调查者将本校置于本学科的前五名的可能性要高于其他单位的学者将该大学放在学科前五名的可能性①。

高飞通过对 THE 的“世界大学排名”、ARWU 的“世界大学学术排名”以及“世界大学声望排名”进行对比，发现“世界大学声望排名”中各校总分的递减趋向十分明显，从前 50 名的后半段开始各校的得分均不足 10 分，因此得出越是处于顶尖位置的大学受声望的影响作用越大，越是名次较低，特别是 50 名之外的高校声誉度得分的差距则大大缩小的结论。② 这表明在“明星光环”的影响下，评审专家更多地依照印象中大学的知名程度来加以定位，而非客观的科研及教学声望表现。

即使 THE 2005 年排行榜的编辑一再声称专家评审过程是可靠的，有些人还是根据不同的理由对这种做法提出批评，南茜（Nancy）认为“晕轮效应”会使评审者作出糟糕的判断③。对评价者来说，由于没有一个共同的质量参照框架，布洛克斯（Brooks）认为他们的意见是非常主观的④；由于评价者缺乏对评价对象的充分了解，所以他们作出的判断未必准确。德国的研究者伯格夫（Berghoff 音译）已经发现，广泛使用的声誉指标实际并不是非常有价值，学术声誉调查的结果看起来是科研生产力的一种合理近似⑤。由此看来，声誉调查结果事实上并不具备科学性，由于专家选

① VAN DYKE N. Self - and Peer - Assessment Disparities in University Ranking Schemes[J]. Higher Education in Europe,2008,33(2 - 3),285 - 293.

② 高飞.《泰晤士报高等教育》“世界大学声望排名”探析[J]. 江苏高教,2015(1):61 - 64.

③ DIAMOND N,GRAHAM H D. How Should We Rate Research Universities? [J]. Change:The Magazine of Higher Learning,2000,32(4):20 - 33.

④ BROOKS R. Measuring University Quality[J]. The Review of Higher Education,2005,29(1):1 - 21.

⑤ BERGHOFF S,FEDERKEIL G. Reputation indicators and research performance[C]//International Rankings Expert Group. Proceedings of 2nd Meeting of the International Rankings Expert Group:Methodology and Quality Standards of Rankings. Berlin:[s. n.],2006:18 - 20.

取和分布的不均衡，会导致数据统计结果的极不可靠性。

二、 声誉调查回收率低及“认知偏差”导致同行评议的随意性

大学排名体系中使用的“同行评审”方法并非我们所熟悉的传统做法，排名机构选取的专家样本由于各种原因导致合适的评审专家数量进一步减少，最终出现回收率减低和“认知距离”扩大的状况。

传统上，专家们评审的是受评单位出版发行的作品。当今大学排名评审的做法是，专家们首先阅读由受评单位自己提供、自己撰写的评估报告，随后进行一次现场考察。这种评审方法存在以下几点缺陷：排名机构虽然向许多专家学者发出了调查问卷，但实际回复数量极少，THE“世界大学排名”向全球 18 万名专家学者发放出同行评审材料后，最终收到的回复仅有 9386 份，回收比例极低。

从大规模同行评议的实行结果来看，容易导致“认知距离”的扩大。在大多时候，同行评议的规模较小，2 到 3 位专家评议一篇提交的论文或研究方案，5 位该领域内专家审阅教授职位人员的档案，还有 5 到 10 位同行评价特定领域内的研究团队和项目。在小规模科学领域内进行同行评议时，专家个体和被评价对象（论文、方案、人员、团队、项目）之间的“认知距离”（Cognitive Distance）是很小的①。但是当面对更大规模的评价对象时，评议专家就变得越来越不专业，对于不同领域中的细分专业可能无法作出准确评价，“认知距离”扩大成为专家评议的主要困难。在 THE 排名方案中，专家需要对所有学科作出准确判断，包括从生物学到所有生

① 刘念才，SADLAK J. 世界一流大学：特征 · 排名 · 建设[M]. 上海：上海交通大学出版社，2007：103－104.

命科学。那么值得怀疑的是，在如此大规模的调研中，能否认为每个学者都可以评价所有领域的专家呢？如上所述，专家之间的“认知距离”扩大，专家会越来越倾向于根据已有的声誉情况来进行评议，而非利用客观的学术表现。

第二节　数据的不完整性

就大学排名所使用的数据而言，应该采用多渠道的数据，以形成对院校更加全面的评价。同时使用调查数据、大学自身提供或公布的数据、第三方数据等，避免因数据来源而造成的偏差。从目前的各大学排名来看，调查数据主要是指通过问卷对各利益相关者的意见和感受进行调查，将调查结果分类统计并加以量化。第三方数据指通过对政府部门（如国家统计局、教育部等）、中介机构（如诺贝尔奖网站、大学教授联合会等）等公布的一些数据进行收集和整理，得出相应的统计结果①。但是这种收集数据的方式过于不专业，以至于在学校选取的覆盖面上、研究成果的及时更新上、关键数据的获取方面存在巨大漏洞。

一、 绝大多数大学无法提供排名所需要的数据

全球共有 17 000 多所大学，能进入各种排行榜的学校数量仅 500 所，仅占全球大学总数的 3%。具体来看，2014 年的排名以汤姆森·路透公司

---

① 邹义欢，王绯烨. 大学排名：功能及其局限[J]. 大学(研究与评价)，2008(10)：75－78.

（Thomson Reuters）2013 年 3 月至 5 月间的学术声望调查为基础，共收集到 133 个国家的 10 536 份有效反馈。2010 年收到了 13 388 份问卷回复，2011 年是 17 554 份，2012 年是 16 639 份，四年共计收到 150 多个国家的 58 117 份问卷回复①。

在高等教育不发达地区，很少有大学能够进入主流世界大学排名体系。排名总是把焦点聚焦在全球前几百名的大学，这些大学往往有上百年的建校史，拥有至少 25 000 名学生，以及超过 25 00 名教师。这些学校每年获得的捐赠基金在 10 亿美元以上，每年的预算超过 20 亿美元②。被忽视的绝大多数高校并不乐意或者因其他原因参与大学排名。在一些非主流国家如俄罗斯，可能根本无法获取评价数据。

二、 最新研究成果数据无法及时统计

2010 年 THE 发表大学排名之后不久，有学者马上就排名的缺失机构、透明度和有效性进行调查。新加坡南洋理工大学校长苏广宁教授认为，即使是 THE 在进行大学排名时也没有完全能够将最新的世界一流的研究成果纳入指标中去，会导致结果的不准确性③。

世界大学排名科研测评囿于传统基础研究。传统上，莫顿的“科学规范”和“布什范式”将科学研究二分为基础研究和应用研究，在这种二分法指导下，大学科研人员不受社会经济利益约束，具有高度自主的科研空

① 高飞.《泰晤士报高等教育》“世界大学声望排名”探析[J].江苏高教,2015(1):61 -64.

② 滕珺,屈廖健.反思高等教育排名　重塑世界学术格局:联合国教科文组织《高等教育排名与问责:善用与滥用》述评[J].比较教育研究,2014(7):63 -68.

③ 张燕华,喻宝华.论大学排名体系的公信度问题[J].国家教育行政学院学报,2013(2):48 -53.

间，主要从事基础研究。大学的基础研究的实施不考虑实际结果，基础科学一旦受命于不成熟的实际应用目标，就会断送它的创造力；而产业部门主要从事应用研究，结果使得大学与产业之间形成明显的科研鸿沟①。

三、 很多关键性统计数据无法获取

从四大排行榜收集数据的方式来看，都存在避繁从简地采集数据，注重学校历史辉煌胜过评价发展潜力；采用量化的参考数值替代不可量化的质量概念；不考虑学校规模、学校使命及不同性质学校之间的本质差别，而把“苹果与橙子”放在一起进行比较等缺陷，在关键数据获取上存在明显的技术问题。

从 ARWU 和 THE 的二级指标可以看出，两者都需要对教师人数做出统计（ARWU 的“师均表现”和 THE 的“师生比”“师均被引用次数”），统计教师人数可能是数据收集环节中最困难的一件事。如果仅仅对某一国家的大学排名，这一数据还是比较容易获得的。但是，要了解世界各国大学的教师人数，难度可想而知②。

ARWU 和 THE 都未对这一数据的获取途径作出说明。而且，ARWU 明确表示只收集到了美国、中国（大陆）、意大利、荷兰、瑞典和比利时等国大学的“教师人数”数据。而 THE 对是否收集全所有大学的“教师人数”数据则只字未提（按照常理，这表明 THE 已经完整收集）③。

---

① 武学超.世界大学排名科研测评的影响与缺失[J].中国高教研究,2010(3):43－46.

② 梁爽.世界大学排行质疑[J].煤炭高等教育,2007(4):85－87.

③ 梁爽.世界大学排行质疑[J].煤炭高等教育,2007(4):85－87.

第三节　数据的不一致性

论文作者在论文中如何描述自己所在的单位以及数据库如何表述这些单位（通常很少对名称作标准化和统一处理），都对统计文献计量学数据具有非常大的影响。其次，人们也必须思考这些单位与研究方案之间的联系。该问题在不同体制中的严重程度不尽相同，因为署名单位千差万别，当提到许多院系和研究所时没有正确指出具体的大学名称，很难从数据库中分辨出评价对象。

引用科研出版物时可能会出现研究所、院系等具体的组织，甚至有整体层面上的主要组织（例如大学），但在这些出版物的地址数据中清楚地提到主要作者的大学是极其困难的。除了同一所大学的名称和缩写会有所不同外，还有几个需要引起关注的问题是，在提到很多院系和研究所时并没有正确指出其所在的大学。例如高引用率科学家的商业数据库中，莱顿大学有五种不同的写法：Leiden，Universiteit Leiden，Leiden Observatory，Leiden University Medical Center，Leids Universitair Medisch Centrum；法国的巴黎第六大学可以称之为 Université Paris VI 或者 Université Pierre et Marie Curie；中国的清华大学可以称为 Tsinghua University 或者 Qinghua University。非英语国家的大学名称在翻译时也时常有变化，如比利时的布鲁塞尔自由大学，分别称之为 Universite Libre De Bruxelles 和 Vrije Universiteit Brussel，又可以同时翻译为 Free University of Bruxelles；德国的科隆大学（Universität zu Köln）可以翻译为 University of Kohn 或者 University of Cologne。另外，缩写也很常见，位于苏黎世的瑞士联邦理工大学（Eidgenössische Technische Hochschule Zürich）通常写为 ETHZ。因此，准确地搜集到大学的研究成果是一件烦琐而难以避免出错的事。这给某些想在排行榜中占据优势的高校以可钻的“空子”，一些大学排行榜的研究机构大多挂靠于某所大学，或主要由某所大学的校友构成，往往会将自己所在大学排到靠前的位置①。

进一步而言，全国性研究团队或者组织的名字，如法国国家科学研究院（Centre national de la recherche scientifique，CNRS）经常代替大学的名称而出现，但科研工作却是在大学中进行的。其中研究团队仅仅用“CNRS，Illkich”作为地址，但很可能是由 CNRS 资助的这个团队在斯特拉斯堡大学（Universite de Strasbourg）工作的（或者是巴斯德大学 Universite Louis Pasteur）②。即便是城市的名字，也不总是能充分断定某院校，因为大学的一部分常坐落于市郊。在判断是否为同一所大学时，我国城市名称的不同拼法导致了相当多的困难。如果一所大学没有很好的统一署名，那就会丢掉一部分引用得分。

第四节　数据的重复性

一、一级指标所涉及的数据重复使用

各个排名系统不同程度地存在指标重复使用的问题。以 ARWU 为例，

① 曹灿辉. 大学排行榜的公信力不能靠“吹”[N]. 中国教育报,2015－01－16(1).

② 刘念才,SADLAK J. 世界一流大学:特征·排名·建设[M]. 上海:上海交通大学出版社,2007:106－107.

设置了四个一级指标：教育质量、教师质量、科研成果和师均表现。根据评价者的解释，“师均表现”是前三个一级指标的得分除以全部教师数所得，其目的在于既强调总量，也强调平均量①。因此，在考察 ARWU 一级指标的整体逻辑性时，我们可以只关注前三个一级指标。众所周知，教学与科研是现代大学最重要的两大职能（由于 ARWU 所作排名为“学术排名”，因此可忽略“社会服务”的职能），而教育质量和科研成果也正好对应这两大职能。但第二个一级指标“教师质量”与它们的关系是什么呢？显然，它们之间的关系是非常复杂的。但可以肯定的是，“教师质量”既与“教育质量”相互覆盖，也与“科研成果”相互覆盖。这与指标体系构建的原则显然是不符的，因为各个指标之间应该是尽量相互独立的。U. S. News 的评价标准更注重学术成果及其被引用率，在学术引用上的重复可能更为明显。这两项占总评价比例的 65%，其中标准化引文影响占比 10%，占引用率最高的 10% 的出版物总数比例为 10%，与国际合作的出版物总数占比为 5%。这样的数据统计过程并不明晰，如何避免学术出版物数据计算时的重复无疑是很复杂的统计学问题。

二、 二级指标中论文引用率和影响因子数据相互重复

吉恩·加菲尔德（Gene Garfield）开发的“影响因子”（Impact Factor），在 20 世纪 60 年代影响了很多机构的评价活动。影响因子现已成为国际上通用的期刊评价指标，它不仅是一种测度期刊有用性和显示度的指标，而且也是测度期刊的学术水平、乃至论文质量的重要指标。影响因子是一个相对统计量。但大学排名系统中二级指标论文引用率和影响因子存

① 梁爽. 世界大学排行质疑[J]. 煤炭高等教育,2007(4):85－87.

在相互重复的问题，却被很多人忽视。

判别高引用论文时，区分不同的文章类型很重要，即研究论文、快讯、短文以及综述等。不论在引文方面（参考文献数，综述在这方面通常非常之高）还是被引用方面（得到被引用数，很多时候综述也很高），综述与研究论文都存在巨大的差别。因此，在收集大学高引用论文时，综述文章构成了相当大的部分。然而，大多数时候综述不是原创性的科学工作，作者是对其领域内的最新发展成果作了概述。因此，在大学排行榜进行影响力指标计算的标准化过程中，都必须考虑论文的类型（即把总数和综述相比较）。

在 ARWU 对各类论文的统计中，只考虑了研究论文（Article），没有计算综述、评论、快讯等类型的论文。主要考虑的是，综述和评论等类型的论文不是研究论文，而快讯类论文的主要成果一般会在以后的研究论文中得到体现。在某些学科领域中，专著也是原创性研究的重要形式，但无法获得国际可比的数据。

三、 具有下属学院的大学在计算数据时会出现重复或遗失

由于一些综合性大学和附属医学院科研数据的复杂性，在计算排名数据时可能会重复计算数据。因此必须对这些机构进行重新定义和整合，否则无法对含有医学科研的那些大学进行可靠的比较。

对研究表现的评价有一些简便易行的方法，例如由汤姆森公司建设的一些数据系统（国际科学指标，ISI；重要科学指标，ESI）就更偏向于收录实验科学的成果。这是由于期刊的选择和把著作排除在外造成的。在某种程度上，这反映了科研成果能够跨越国界而大多数人文领域的研究只在国内产生影响。由于这个原因，一个有科学强势的学校比一个专攻人文社

会科学的学校更容易获得更高的国际排名。对自然科学的偏向最典型的表现是，在 ARWU 的排名中，尽管对社会科学特色的学校加以特别处理，但是伦敦政治经济学院的排名仍然较低。

基于研究表现的排名同样会受到大学是否有医学院的影响，医学类研究产出的数据受到机构设置即论文的署名单位的影响。例如一所大学的附属医学类论文可能比整个大学的医学类论文都要多，那么附属医院和大学的关系及紧密程度会严重影响这所大学的医学类研究产出的统计结果，而且临床医学类引用次数较高可能是受该领域研究人员的引用习惯的影响。大学的医学科研情况同样存在计算排名数据时的重复情况，因为经常是医学院或者医院的名字，并没有提及是哪所大学。在一座城市中存在一个或者更多的医院名字，但事实上它们都是大学的附属医院。因此，如果某医院确实是大学的附属医院，但是在论文中仅提到医院的名称（如“约翰·拉德克利夫医院 John Radcliffe Hospital”，该医院属于牛津大学医学院），则必须把该论文加到其所属的大学上（如牛津大学医学院“Oxford University Hospitals”）。否则比起那些附属医院名称中含有“某某大学”字样的大学来讲，另外那些大学将失去一大部分医学基础科研、特别是临床科研的成果。但这并不是一个简单的过程，因为那些与大学相关的医院经常是自主管理的，还很可能与其他的研究所或高等教育机构有关（如护理问题就和职业学校有关）。以加拿大蒙特利尔大学（Universite de Montreal）为例，其中的工程学院、商学院和医学院先后在 20 世纪 20 年代归并到蒙特利尔大学中。从 1969 年开始，医学院通过自设和合作的方式建立了 27 所附属医院，同时培养医学学生和实习医生。在发展过程中，蒙特利尔大学还创设了 200 多个研究所、研究中心、研究团队和研究席位。虽然它们与各院系有一定的联系，但是作为附属机构，它们具有很大程度的自治权。根据统计结果，蒙特利尔大学的教授、研究人员、讲师和临床教师所发表的学术论文的数量与质量（以及这些论文的被引用情况）在许多方面是不一致、不可靠和令人怀疑的。科学技术研究中心（Observatoire Des Sciences Et Des Technologies，简称 OST）对科技信息研究所（Institute of Scientific and Technological Information，简称 ISI）的 3 个数据库（科学引文索引 SCI，社会科学引文索引 SSCI，艺术和人文引文索引 A&HCI）中收录的 8 500 种期刊上所发表的论文进行清理后发现，蒙特利尔大学（包括附属机构）的教师和研究人员所发表的文章中，可能有 20%—40% 都遗失了。其中作者姓名和所在单位的名称拼写错误以及作者的身份和隶属关系难以确认似乎是主要原因①。因此需要对数据库进行深入的清理、分类和确认，精确判断大学发表的论文数量和质量，同时提供大学所有机构的详细目录（常规的和附属的），该大学所有教师和研究人员的姓、名及中间名，每个机构的完整地址、大学的学科、机构发展历史等。

第五节　数据的误差

由于绝大多数排名体系采用的都是文献计量学指标，进而刺激了许多国家的大学竞相提高相关院系的文献计量学指标，以谋求排名的提升。其方法过分强调了“取决于规模”的指标，不利于小规模高水平的评价对象，在数据统计时产生一系列谬误。

由于评价对象的规模都是偏态分布的，大学的规模和所辖基础单位的规模之间存在指数关系，而且这一现象并不局限于科学组织中。例如大学 B 只有大学 A 规模的一半，在两者生产率（论文数/研究者人数）相同的

① 刘念才，SADLAK J. 世界一流大学：特征·排名·建设[M]. 上海：上海交通大学出版社，2007.

情况下，B的引用次数需要达到A的两倍才能和A平等竞争。以ARWU排名方法为例，较大规模的学术机构具有更大优势，并且这种优势会累积，这就使得对小院校的补偿变得更加困难，即使增加了科学生产率指标（SPI）也不行。就采用的科研论文数据库来看，在其“底部”是大量水平不高、参差不齐并且是以刊载国内研究为主的期刊，这些都可能对传统指标（论文数量、引用次数、影响因子）的有效性产生损害。在一些非主流国家如俄罗斯，当期刊库被校正后，对论文和影响的评价可能会截然相反。论文数据库处理国际级期刊的方法也会使新兴国家的数据产生问题。既然ARWU排行榜中一半以上的标准是基于数据库的，并且排名关注于“优秀”，也就是底部中的上层，那么这一问题就不会像在别的研究中那么突出。但是科学索引（SCI）指标的计算可能会受到影响，特别是对于来自非主流国家或者是新兴国家的大学。

第六章　大学排名方法不科学

仅过了一年，这些高校的排名竟有这么大的变化？

通过对比三个排行榜2017年与2018年世界大学排名的结果，有很多大学的排名发生了巨幅波动，其中升降100名以上的就有15所（见表6－1）。大学不是韭菜，一年之中不可能发生这样的变化，导致出现这种变化的原因只能是排名方法的不科学。

表6－1　2017—2018年升降超过100名以上的高校

排行榜	高校名称	国家/地区	2017	2018	绝对排名差	波动率
QS	挪威科技大学	挪威	259	363	104	－40.15%
THE	查尔斯达尔文大学	澳大利亚	310	538	228	－73.55%
	托木斯克理工大学	俄罗斯	322	521	199	－61.80%
	“台湾”清华大学	中国台湾	324	426	102	－31.48%
	帕多瓦大学	意大利	358	250	108	30.17%
	汉诺威大学	德国	374	489	115	－30.75%
	堪培拉大学	澳大利亚	386	262	124	32.12%

（续表）

排行榜	高校名称	国家/地区	2017	2018	绝对排名差	波动率
ARWU	特文特大学	荷兰	324	501	177	-54.63%
	中南大学	中国	340	212	128	37.65%
	广岛大学	日本	355	516	161	-45.35%
	印度科学理工大学	印度	362	489	127	-35.08%
	中国海洋大学	中国	382	545	163	-42.67%
	罗马第二大学	意大利	383	501	118	-30.81%
	北京航空航天大学	中国	386	246	140	36.27%
	"台湾"交通大学	中国台湾	389	557	168	-43.19%

第一节　数据采集不科学

一、 数据不可获得

大学排名的指标并没有对大学办学标准进行全面的考察，存在着片面引导高校发展及公众注意力的可能。例如大学排名在指标上普遍存在着投入指标在数量及权重上都明显超过了产出指标的问题。而且，在产出指标中又以科研指标为主，缺少对于教学效果即对学生的影响的指标。这种导向易使公众过分关注院校所能获得的资源，将投入等同于质量，导致院校在发展的过程中只注重资源的索取，而忽视资源的利用效率。① 就数据收集而言，存在的最大问题在于，某些指标所对应的数据很难完整收集。这就可能导致评价者只能把某些效度较高的指标忍痛割爱，转而采用其他效度较低的指标。这也是某些二级指标无法准确反映一级指标的重要原因。②

（一）指标所涵盖的高校数据不完整

当一所大学的排名依赖大量的数据资源（文献计量学数据库、问卷、大学自己提供的数据等），对它的界定就应该在不同的数据来源中找到一致性。但是，依靠指标所获取的不完整数据，想要获得对高校的全面评价

① 邹义欢，王绯烨. 大学排名：功能及其局限[J]. 大学(研究与评价)，2008(10)：75－78.

② 梁爽. 世界大学排行质疑[J]. 煤炭高等教育，2007(4)：85－87.

是一个巨大的挑战。

对大学绩效使用一般性概念进行评判实质也存在于 ARWU、THE、QS 这些排名使用的综合指标里。这些综合性指标以一种任意的方式将大学绩效的不同维度组合在一起，而这些综合性指标的根本性问题就是使用定义不清晰的概念来判断学校的绩效状况，主要表现在大学绩效的规模依赖和规模独立指标之间没有进行清晰的区分。

大学绩效的规模依赖和规模独立指标之间没有进行清晰的区分。与规模相关的指标侧重于大学的整体表现，与规模无关的指标侧重于其可用资源量的绩效评估。与规模相关的指标可用于识别对科学或教育做出巨大贡献的大学。规模指标可以用来鉴定大学，从而对他们的规模方面的问题产生总体影响。如果把它们组合起来使用综合性指标，如在 ARWU 排名中所做的那样是没有意义的。大学排名的使用者需要明白构建恰当的指标是非常具有挑战性的。这些指标需要大学规模的精确数据，如学校研究者数量或是研究经费数量的国际标准化数据，而这些数据是很难获得的。①

（二）指标数据无法表征大学精神文化

虽然大学可以从数量方面进行统计、描述、分析、排行，但是评价一所大学的好坏，更重要的还是很难量化的质量，尤其在评价大学优良传统、大学精神、大学文化等方面是无能为力的。也就是说，量化很大程度上能体现物质层而的水平，在精神层面很难做到准确的评价。

其实，要做出所谓科学的排名是极其困难的，难在任何排名都有主观性与很难准确获取评价信息，还有对多样化的大学进行排名，是建立在很难比较基础上的。香港中文大学校长沈祖尧形象地概括了大学排名过分关

① WALTMAN L, WOUTERS P, VAN ECK N J. Ten principles for the responsible use of university ranking[EB/OL]. (2017－05－17)[2018－11－08]. https://www.cwts.nl/blog? article = n－r2q274.

注“光鲜亮丽”的外在成果，而忽视了大学文化的塑造，在对学生精神追求和价值培养方面无所作为：

部分学者和大学领导层极度重视如何“参与游戏”。为了获得更高名次，一些大学甘愿施展“策略定位”手段，招聘知名度高的研究人员，以刺激研究产量。严格来说，这些都是校外制造、可以实时纳为己用的研究产物。传闻有些大学甚至付酬予外地教授为访问学人，以便将其名字列为附属教学人员，从而将其研究成果计算在内。这样一来，我们跟聘请外援的球队有什么区别？这些挂名或美其名曰短期的“星级研究员”，可能惠及学生或提供优质教育吗？他们对建立一支长远持久的研究团队能有多大贡献？他们的研究给本地社群又能带来多少裨益？

且让我们返璞归真。大学教育的本质就是塑造生命、帮助年轻人发展为思想成熟、德才兼备的人。学校是引导学生了解自我、寻找理想和人生目标的地方。延聘教授是要让他们当学生的良师益友，循循善诱、启迪年轻人心智，与他们分享价值和哲理，同时提升他们的知识水平。我们该对信赖我们的社会、对给我们提供资源的纳税人负责，最重要的是，我们该对把其黄金岁月里的学习机会交托我们手中的新生代负教育工作者的责任。①

大学排名不能覆盖中国高等教育的全部发展目标。由于大学排名对人才培养这一核心使命与功能的体现严重不足，大学过于看重排名，可能会导致发展误入歧途，在不断追逐科研项目、国际发表和成果高引用率的同时忘记了育人的本质追求，从而陷入一种“失去灵魂的卓越”。我国有独特的历史、独特的文化、独特的国情，决定了我国必须走自己的高等教育发展道路，扎实办好中国特色的社会主义高校。如果忘记“为人民服务”，一些顶尖公办院校就可能因为盲目追求提高师生比指标，刻意削减招生人

---

① 沈祖尧.别让“排名”挤掉大学的首要使命[N].人民日报(海外版),2011－07－01(9).

数，导致优质高等教育入学机会的减少；如果忘记“为中国共产党治国理政服务”，公办院校的哲学社会科学就会在盲目追求艺术和人文引文索引（A&HCI）和社会科学引文索引（SSCI）的指标中，忘记大学作为独立智库的作用；如果忘记“为巩固和发展中国特色社会主义制度服务”，一些高校就可能为追求排名指标走向“重理工、轻人文社科”的偏差；如果忘记“为改革开放和社会主义现代化建设服务”，一些高校就会在追求高引用率当中，错失为国家、区域和地方经济及社会发展服务的机会。大学是整个国家经济社会系统的子系统，唯有回归大学之道，不忘初心和理想，大学才有未来。①

二、 抽样方法不科学

在选取评审专家时，排名机构不允许评审专家提出他们个人认为优秀的学校，只能从排名机构指定的名单中推荐，尽管如此，仍然会出现给自己所在学校评高分的现象。

评审专家的评价受到被评价院校原有声誉影响，一所院校曾在一个排行榜中名列前茅，那么它在另一个排行榜中自然成绩不错，有经典实例已经证明，评审专家以讹传讹，为一般的学校给出了很高的评分。一些研究者对文献计量学结果和专家、学者对科研质量的判断进行比较后，发现两者间存在不一致性。对 2004 版 THE 排名中的专家打分和引用之间的相互关系进行分析，发现 THE 排名中专家评议与引用分析结果间缺乏相互关系。这就足以引起对 THE 排名的价值的严重质疑。比较 ARWU 和 THE 两种排名，前 100 名的大学大部分都具备美国研究型大学的关键特征，并且

① 张端鸿. 排名不能覆盖大学全部发展目标[N]. 中国教育报,2018-06-20(2).

所在国家均有国内排名存在。可以推断，它们对排名活动比较熟悉，更加了解排名使用的质量指标的内在价值，并且具备熟练的统计和报告指标的能力，可以轻松地打包数据，帮助其跻身国际排名。①

第二节　数据分析过程不科学

一、没有解决控制变量的问题

为了证明专家调查的有效性，需要对专家的背景变量进行控制，如专家所在机构、地域分布、研究领域、科学地位等，也就是同行评议调查的控制变量。

控制变量在进行科学统计的概念中，是指那些除了自变量以外的所有影响统计结果的变量，这些变量不是本统计过程所要研究的变量，所以又称无关变量、无关因子、非实验因素或非实验因子。只有将自变量以外一切能引起因变量变化的变量控制好，才能弄清统计中的因果关系。控制变量衍生到生活中的作用是控制一定影响因素从而得到真实的结果。因此当同行评议中的专家必须评价更大的团体时，和被评价对象之间的认知距离就增大了，他们变得越来越不专业，因为大的团体是由一个个具体的部分组成的。

在 THE 或 QS 排名中，专家需要对所有学科的质量作出判断，从生物

① 邱均平，董西露. 五种世界大学排行榜比较研究[J]. 上海教育评估研究，2017(3)：1－6.

学到所有生命科学，评价的可靠性受到质疑。当这些评议专家需要对所有重要大学的生命学科发展情况进行评价时，必须知晓该领域内最近几年的详细进展，但术业有专攻，评审专家个人的研究往往局限于单个学科的一个很窄的方向上，要求评审专家对其他学科领域了解透彻，这对他们来说显然是勉为其难了。

二、 无法消除数据库的规模效应

由于评价对象的规模都是偏态分布的，大学的规模和所辖基础单位的规模之间存在指数关系，而且这一现象并不局限于科学组织中。例如大学 B 只有大学 A 的一半规模，在两者生产率（论文数/研究者人数）相同的情况下，B 的引用次数需要达到 A 的两倍才能和 A 平等竞争。

以上海交大排名方法为例，较大规模的学术机构具有更大优势，并且这种优势会累积，这就使得对小院校的补偿变得更加困难，即使增加了科学生产率指标（SPI）也不行。就采用的科研论文数据库来看，在其“底部”是大量水平不高、参差不齐并且是以刊载国内研究论文为主的期刊，这些都可能对传统指标（论文数量、引用次数、影响因子）的有效性产生损害。在一些大学排名非主流国家，如俄罗斯，当期刊库被校正后，对论文和影响的评价可能会截然相反。论文数据库处理国际级期刊的方法也会使新兴国家的数据产生问题。既然 ARWU 排行榜中一半以上的标准是基于数据库的，并且排名关注于“优秀”，也就是底部中的上层，那么这一问题就不会像在别的排行榜中那么突出。但是科学引文索引（SCI）指标的计算可能会受到影响，特别是对于来自非主流国家或者是新兴国家的大学。由于 ARWU 排名仅涉及大学的科研，因此采用的大多都是文献计量学指标，进而刺激了许多国家的大学竞相提高相关院系的文献计量学指标，以谋求排名的提升。其方法过分强调了“取决于规模”的指标，不利于小规模高水平的评价对象，在数据统计时产生一系列谬误。

第三节　数据合成方式不科学

一、加权汇总方式过于简单

不同的指标体系反映不同的概念框架，目前大部分排行榜将指标分数简单相加或平均来计算总分的方式过于简单，无法区分不同类型大学之间的差异。

在高等教育的范畴内，质量的解释应当包括帮助学生实现他们自己的愿望和社会的期望，满足政府、工商企业界的需求，以及达到专业协会设定的标准。因此大学排名应当使用一系列指标，并且强调产出和成果指标，以此来确保质量的各个方面都在排名中有所体现。不同方面的指标会有不同的得分，与总分相比，这种信息更有助于人们了解大学的优势和不足。不同的排名会得到不同的排名结果，名次差异很大的大学之间实际上并不存在显著差别，这些现象都说明次序排名是无意义的。更合适的做法是对大学或专业进行分组或分档，而不是按照顺序列出名次。

赋予权重的方法缺乏理论基础和实践操作价值。考虑到排名的目标群体是学生，因此排名过程中必须兼顾学生在偏好上的差异。有的学生想找一所研究机会和研究活动比较多的大学（比如通过科研资金、出版物、文章引用率等指标来衡量），而有的学生对师生互动比较多、修业时间较短的小型大学更感兴趣。计算总分就不免要给予每个指标以大概的权重，这对目标群体来说不合适。互联网的互动性也为排名的使用者提供了新的机会，使用者可以根据自己的需要选择和确定指标权重，产生个性化的排名。进一步讲，计算总分的方法往往被忽视了，即使在单个学科上，每所大学也有不同的情况，有特定的优缺点，而计算总分的方法却往往忽视了这一点。比如 A 大学可能特别重视师生交流和互动，而 B 大学的优势在于能够较早地把学生引入科研工作。在这种情况下，如果要计算总分就必须决定在哪个方面更有价值，或者赋予两方面同样的权重得到平均分。但各个排名系统直接赋予指定的指标一定的权重并得到汇总分数，并不能满足目标群体的多样化需求。

二、 以排名表的方式来呈现结果不合理

目前，排行榜大都采用总分由高到低的排名形式来呈现结果，排名位置之间微小的差距很难反映出学校间质量的实质差异。每一项指标在数值上的微小差异都会在大学排名结果中显示出巨大的差距。

即使是衡量业绩或质量的某个指标在数值上的微弱变化，都不可避免地会遭遇夸大和误读的危险。如 2001 年 U. S. News 发布的全国大学排名，在 100 分制下，排名 13—22 的大学的得分差距仅为 6 分。很多时候，数据的精确度不足以进行清楚的切分，并以相对可靠的方法排定明确的位次，或者从统计的角度来讲，这种方法忽视了标准误差的存在。大学排名只是将大学分为三个层次：最高层次上全部是最好的大学，最差的被排在最底层，其余的都划到中间层。这种层次划分主要取决于两类指标：数据信息（如师生比例，出版物的数量）按照四分位数来划分。把最优和最差的四分之一分别置顶和置底，把中间的两个四分之一放在它们中间。由于调查

数据中涉及主观指标，即学生和教师的评价，因此在排名过程中务必考虑各个大学内的不同评价与整体得分以及案例数量，相比看偏离了多少。如果一所大学平均值的置信区间（相当于大学的得分，1 为最好，6 为最差）完全在其他所有大学（特定学科）的整体平均数之下，那就可以将它列为最高层次；反之，若置信区间完全在整体平均数之上，则列入最底层。而那些被归入中间层的大学，可能是平均数位于中间，或者得到的评价是有争议的，即离散程度很高，以至于置信区间非常大，即不完全在整体平均数之下也不在之上，最终导致大学排名结果的严重误差。

第七章　大学排名的偏见

世界大学排名的文化偏见对高等教育政策和大学的活动产生了重要影响，而且它们的影响还在持续增强之中。它最大的恶果是：一旦偏见持续发展，大学排名就会被逐渐扭曲并形成恶性循环，高等教育领域和大学活动领域中的行动者会依据这些扭曲的排名测度来谋求可能的成功。一方面会进一步加剧世界大学排名的导向不可取、学校不可比、标准不一致、指标不匹配、数据不可靠、方法不科学等扭曲化的问题的严重性和危害性；同时又将会助长大学急功近利、盲目扩张、不道德竞争和以西方文化为中心、忽视学生和教学价值倾向、淡化办学特色为主的这种非理性办学的不良之风。因此，大学排名与生俱来的偏见紧密地关涉到高校、社会、家庭的切身利益，需要各方主体深刻地认识到它可能衍生的“蝴蝶效应”，避免因盲目的利益驱使而跟风。这里重点从语言、刊物、地区、学科、大学类型、经费以及成果认定六个方面对世界大学排名的偏见进行分析和揭示。

第一节　语言偏见

一、 出版物发表语言的偏见

存在“语言偏见”是大学排名在进行国际比较时无法回避的问题，即目前世界上大多数顶尖刊物所使用的文字为英语。这使得非英语国家的学者在论文发表方面本身就处于不利的地位。第一个全球大学排行榜发布后，研究人员早在2007年就意识到英语语言国家院校占有优势，主要原因在于非英语语言国家学术论著的出版数量和引用频率要远远低于英语语言国家，而大学排名在收集数据时，因为数据可获得性的原因，往往只能获得在这些英语刊物上发表论文的情况。这使得非英语语言国家的排名往往因此受到影响。① 所以，英语语言国家的大学比非英语语言国家的大学更易融入国际学术界。有专项研究表明，美国学者主要引用本国出版的文献，忽视其他国家的科研成果。其结果就是大大提高了美国高校的全球排名。同时，现有数据库尤其是社会科学引文索引（SSCI）收录的英文期刊比例过高，以及作为世界大型学术数据库的美国科学信息研究所（American Institute of Scientific Information）“科学网络数据库”不仅主要收集英文论文，使用的还是英美学术系统采录方法。下述案例反映了德国大学的论文成果评分在语言上遭遇的障碍和偏见。

① 梁爽. 世界大学排行质疑[J]. 煤炭高等教育，2007(4)：85－87.

一般来说，德国大学更注重教学的实用性，发表论文的数量本来就不是特别多，更何况有很多教授只在德语圈子里发表论文，这种语言上的障碍又让德国大学在“论文引用率”这一项中丢了不少分。德国许多著名的研究所都不属于大学编制，而很多大学教授在研究所里的科研成果都是以研究所的名义发表的。同时，一些企业博士的科研成果也可能在公司变成科研机密。这样一来，德国大学发表的论文数量也就难以与其他国家抗衡了。

此外，ARWU 中“各学科领域被引用率最高的教师数量”“平均每年发表在《自然》和《科学》刊物上的论文折合数（N&S）”以及“被科学引文索引（SCI）和社会科学引文索引（SSCI）收录的论文数量”三个二级指标都存在严重的“语言偏见”现象。目前，ARWU 和 THE 都已经意识到“语言偏见”问题的存在，但是因为他们没有精力和财力建立自己的数据库，因此，它们几乎不可能解决“语言偏见”这一问题。

格鲁普（Grupp）① 和范莱文（Van Leeuwen）② 等表明，在比较、评价国家科研体系时使用的解释性文献计量学数据需要被谨慎地看待。③ 用于衡量整个大学，甚至国家层面上的科研行为影响力的指标数值，强烈地受制于是否是引文索引数据库（CI）收录的期刊中的文献写作语言。由于那些使用法语和德语的期刊中的文献影响力往往较低，所以在计算影响力指标时，它们在影响力方面的贡献微乎其微。这些非英语的文献反而降低

---

① GRUPP H, SCHMOCH U, HINZE S. International alignment and scientific regard as macro - indicators for international comparisons of publications[J]. Scientometrics, 2001, 51(2): 359 - 380.

② VAN LEEUWEN T N, MOED H F, TIJSSEN R J W, et al. Language biases in the coverage of the Science Citation Index and its consequences for international comparisons of national research performance[J]. Scientometrics, 2001, 51(1): 335 - 346.

③ MAY R M. The Scientific Wealth of Nations[J]. Science, 1997, 275(5301): 793 - 796.

了大学或部门的被测量到的影响力。范莱文①等证明，使用引文索引数据库（CI）收录的德语期刊，会使测量到的影响力降低大约25%。不使用这些德语期刊，而仅使用英语期刊，就使测量到的某大学整个医学院的影响力提高了25%。因此，在较不完善、不先进的文献计量系统分析中，法国和德国的大学均会受到不公平评价。

德语尚且如此，其他包括中文在内的语言就更不用说了。

二、 学术话语权的偏见

中国的科研论文无论是数量还是质量，在国际上都处于强势地位。但是，由于这些文章绝大多数未以英语撰写并发表在国外的期刊上，使中国在国际上并没有占据应有的学术优势和科技话语权；并且由于世界各大学排名偏重以西方文化为主的学术话语权，以致中国大学在世界大学排名中的成绩不理想。再者，创新性成果非共识很常见，学术上绝不是优秀成果一出现就获得承认，普朗克科学定律就是明证。西方世界大学排名会利用把持评价标准来维护自己的优势地位。

世界大学排名强调发表英文论文，“从根源上看，国际学术话语权的竞争主要受制于‘权威期刊引文数据库’的评价机制，即各类国际引文索引的编制权。谁拥有这种编制权，谁就有权力界定何为权威期刊和决定哪些期刊为权威期刊。这是最高层的国际学术话语权”。② 以人文社会学科为

---

① VAN LEEUWEN T N, MOED H F, TIJSSEN R J W, et al. Language biases in the coverage of the Science Citation Index and its consequences for international comparisons of national research performance[J]. Scientometrics, 2001, 51(1): 335 – 346.

② 聂珍钊. 中国学术期刊要积极参与国际话语权竞争[N]. 中国社会科学报，2014 – 02 – 19 (B02).

例，社会科学引文索引（SSCI）和艺术 & 人文引文索引（A&HCI）是国际广泛认可的两大学术引文数据库，但是我国被收录的学术期刊不足1%。① 目前基本科学指标（简称 ESI）在我国非常盛行，它是由美国科技信息所（简称 ISI）推出的衡量科学研究绩效的分析评价工具，其特点是根据论文数量、引用率、刊物等级来确定科研机构绩效。它每两个月就发布一次，媒体推波助澜，形成持续不断的大学排名热潮。其他大学排名，如 U. S. News 也非常看重科学引文指数（简称 SCI）论文，因此英文发表优先已成为国内高端大学的共识。由此产生两个问题：1. 虽然在国际刊物上发表的论文水平高，但无法让国内的专家学者和学生方便阅读，无法实现知识溢出，这也造成优秀稿源流失。2. 更糟糕的是，国外期刊对于国内作者是有选择的。迎合其议题者优先，其中不乏“精致的平庸”之作，而挑战国际权威的原创成果往往并不受欢迎。获得诺贝尔科学奖和经济学奖的成果被名刊拒稿而未发表或直接发表在普通刊物上的例子也很多。

大学排名对西方学术话语权的偏重进而导致了诸多高校和学者产生了这样一种学术导向的误解——将在国际刊物上发表文章作为高层次学术水平的标志，学术评价的标准向国外期刊倾斜，直接造成了科研论文的大量外流的不良现象。学术研究多囿于翻译、考证、梳理、解读西方文本与理论。套用西方话语解释中国问题、指导中国实践，几乎成为中国学者在研究理论和实践问题时的基本方法。② 这种唯西方至上的学术导向造成了诸多严重后果，导致学术原创性的缺乏和学者公信力的弱化，造成中国学术思想的传统性失语，甚至出现价值观的严重偏移。美国依靠强大的资源，把持学术话语权，加之英语已经被默认为国际科技交流的通用语言，在国

① 谢群. 学术期刊国际化与国际话语权的竞争[J]. 学理论，2014(10)：172－173.

② 郑荣. 编辑与学术话语的异化及重构[J]. 广东农工商职业技术学院学报，2016，32(4)：75－79.

际科技话语方面难以撼动的地位，使得汉语等其他语种为载体的学术体系话语权日渐式微。①

三、 教学语言的偏见

在世界大学排名驱动下，很多非英语语言国家的大学为了提高科研生产力、实现与国际接轨，选择以英语作为大学教学的主要语言。THE 和 ARWU 两个榜单上的成功高校都出自以英语作为官方语言和教学语言的国家（地区）。在 ARWU 2005 年的世界大学排行榜中，前 100 所大学中，有 68 所来自英语国家（地区）（其中美国 53 所、英国 11 所、加拿大 4 所）。同样，在 THE 2005 年的世界大学排行榜中，前 100 所大学中有 60 所来自英语国家（地区）（其中美国 31 所、英国 13 所、澳大利亚 12 所、加拿大 3 所、新西兰 1 所）。此外，前 100 名的大学中另有 11 所大学开设至少一项以英语教授的研究生培养项目（如丹麦、芬兰、以色列、荷兰、挪威、瑞典和瑞士）。② 例如，日本的很多大学接收的大部分国际学生的输出国为亚洲国家，但是在科学技术学科的研究生教育阶段，都强调是英语项目，有大学规定其所开设的讲座中英语语言的比例需要达到一定比例，也有大学把研究生学院转为全英语学院。

在中国等一些国家也有类似的趋势。虽然使用全球通用的英语可以提高对留学生的吸引力，但是这一行为显然忽视了本国语言在文明传承中的重要性。香港中文大学是 1964 年由三所中文中等学院合并而成的，许多教

① 刘彩娥. 把论文写在祖国大地上：国内科研论文外流现象分析[J]. 北京工业大学学报(社会科学版)，2018(2)：64 - 72.

② 萨尔米，萨拉杨，王利兵，等. 作为政策工具的大学排行榜[J]. 教育研究，2010(1)：59 - 68.

师来自中国大陆地区并使用普通话教学，一直具有良好的维护和推广中国文化的传统。2005—2007 年受排名影响，香港中文大学双语委员会提出为了更加具有国际竞争力，香港中文大学必须认识到英语作为国际语言的重要性，只能将英语作为教学语言。

德国大学在大学排名中的教学语言的偏见下伤痕累累。德国毕竟是德语国家，能够完全用英文授课的专业并不多，在进行国际学术交流和学校交流方面的确是受到了一些限制。德国的课程大部分都是德语授课，而德语又是很难掌握的一门语言，对于很多国际生来说，与其呕心沥血学习德语，还不如直接到英语国家进行学习。而很多德国老教授也不喜欢用英语上课，这也就导致德国大学开设的英语课程不够多，从而影响了德国大学的国际化水平。

第二节　刊物偏见

一、 盲目追求英文期刊的偏见

一方面是对英文期刊的盲目追求。例如，QS 的引文指标基于爱思唯尔斯高帕斯（Scopus）数据库，这个数据库有两个偏向：一是偏向英文出版物，二是主要收录期刊论文而不是专著，这就对理工科大学有明显优势，因为全世界的科学家都倾向于用英文在期刊发表论文，而人文社科学者通常更喜欢用他们的母语著书立说，他们更倾向于写书或书的章节，而不是发表文章。众所周知，科学引文索引（SCI）和社会科学引文索引（SSCI）

期刊论文数量和引文数量是决定大学排名的重要因素。欧美国家尤其是美国和英国拥有大多数 SCI 和 SSCI 学术期刊。各世界大学排名运用文献计量学进行评估的学术期刊数据库中大多为英文学术期刊。① QS 从 2007 年开始把其学术期刊数据库中的非英语学术期刊比重增加到 21%，但英语学术期刊数量仍占大多数。这些指标明显都不利于非西方国家大学。非洲 90% 以上大学不能进入世界主流大学排名。② 拉丁美洲大学进入世界大学排名的数量也极少。

另一方面是对《自然》和《科学》顶尖英文期刊的盲目崇拜。科研成果指标中的"发表在《自然》和《科学》上的论文总数（N&S）"，无疑体现出 ARWU 排名在学术期刊认定上的歧视和偏见，无视其他各学科领域的高质期刊，而在《自然》和《科学》这种顶尖期刊上发表文章只是衡量科研成果质量的指标之一，并且《自然》和《科学》主要针对理工类学科，极少涉及文、法、哲、艺等人文社会学科。

一些学者担心在中国期刊上发表论文会降低其科研成果的影响力，会影响自身的知名度。然而，刊物仅仅是一种载体，其质量与所刊登的文章质量有关系，但又不能完全画等号，高质量的文章也可以发表在国内期刊上。例如，陈景润的关于"大偶数表为一个素数及一个不超过两个素数的乘积之和"的研究简报就是发表在 1966 年第 9 期的《科学通报》上，1973 年他又在《中国科学》第 2 期上全文发表了《大偶数表为一个素数及一个不超过两个素数的乘积之和》（哥德巴赫猜想）。袁隆平对于杂交水稻研究具有划时代意义的第一篇论文《水稻的雄性不孕性》发表在 1966 年《科学通报》第 1 期上。随后，又相继在中国的学术会议文集和中国的科

---

① 滕珺，屈廖健. 反思高等教育排名 重塑世界学术格局：联合国教科文组织《高等教育排名与问责：善用与滥用》述评[J]. 比较教育研究，2014(7)：63－68.

② SALMI J, SAROYAN A. League Tables as Policy Instruments: Uses and Misuses[J]. Higher Education Management and Policy, 2007, 19(2): 31－68.

技期刊上发表了《利用野败选育三系的进展》《杂交水稻育种的战略设想》和《杂交水稻超高产育种》等具有农业里程碑意义的论文。再如，吴文俊的《数学定理机器证明方法》，中国科学家关于《人工全合成结晶牛胰岛素》等举世闻名的科研成果都是发表在国内的学术期刊上。又有谁因为他们撰写的论文是发表在中国的期刊上而贬低其论文的学术水平呢？

二、 偏重SCI/SSCI来源期刊的偏见

大学排名对科学引文索引（SCI）、社会科学引文索引（SSCI）来源期刊的文章的过度偏重导致更多的高校、学者和社会各领域认为被SCI、SSCI收录的论文在普遍意义上比其他未被SCI、SSCI收录的论文质量高。然而，值得质疑的问题在于被SCI、SSCI收录的期刊极具西方文化的霸权主义色彩，美国和英国拥有绝大多数SCI和SSCI学术期刊，其中又尤以美国期刊为主流的代表。因此，有必要对大学排行榜的“不确定性”给予提示。SCI创始人加菲尔德博士曾提醒用SCI和SSCI指标进行科研评价具有不确定性。部分学者认为不能以SCI/SSCI论英雄。但现实是，很多大学对以SCI/SSCI影响因子论英雄乐此不疲。表7－1为2017年中美两国被科学网（Web of Science）收录的学术刊物数量与比例对比。

表7－1　2017年科学网收录中美学术刊物数量与比例对比

种类	总数/篇	中国刊物数量/种	美国刊物数量/种	中国刊物所占比例/%	美国刊物所占比例/%
SCIE	8894	180	2960	2.02	33.28
SSCI	3261	10	1361	0.30	41.73
A&HCI	1785	4	579	0.22	32.43

表7－1中，SCIE来自科技类期刊扩展版，SSCI来自社会科学类期刊，A&HCI来自人文与艺术类期刊。表中的数据表明我国本土的学术期刊数量非常少，在国际期刊中所占的比例也非常小，与美国相比显得非常弱小。另据2017年《中国英文学术期刊国际国内印证报告》统计，我国有近300种英文版学术期刊，而被科学网的《期刊引证报告》（Journal Citation Reports，简称JCR）收录的只有160种，仅占JCR的1.4%。①

三、 过分抬高期刊影响因子和被引用率地位的偏见

首先，不同学科的科研产出不可进行影响因子对比。在使用影响因子作为排名指标时，社会科学及人文科学也同样受到不公平对待，他们的研究成果多体现在著作和会议论文集中，而学术期刊与会议论文集并不是这些学科知识传播的主要途径。以影响因子、被引用率评文和以刊评文是错误的，这已经是学术评价界的共识，学术界也认识到其危害。例如国际上有155位知名科学家和包括美国科学促进会（AAAS）在内的78家机构签署的《关于研究评价的旧金山宣言》（以下简称《宣言》），指出科学界应该停止使用影响因子评价科学家个人的工作，影响因子不能用于评估科学家的贡献，不能用于招聘、晋升和项目资助等的评审。《宣言》强调研究人员工作的价值取决于论文的内容，而不取决于论文发表在何种刊物上②；国内则有中国科协发学字〔2015〕83号文、中办国办印发的《关于深化职称制度改革的意见》（2017）、《关于分类推进人才评价机制改革的指导

---

① 佚名. 中国英文学术期刊国际国内引证报告[R/OL]. (2017－03－27)[2018－11－09]. http://www.dswzzz.com/about/hot/500.html.

② ALBERTS B. Impact Factor Distortions[J]. Science, 2013, 340(6134): 787.

意见》(2018)等明确推行代表作制度，重点考察成果质量，淡化论文数量要求。然而这些文件收效甚微。实际情况却是：大学，特别是许多“双一流”大学，信奉国际接轨，以基本科学指标(ESI)排名作为评价大学进步的主要指标，招聘人才时“填表至上”，主要就是填写发表英文论文的情况，可为提升国际大学排名加分者就引进，否则就不要，引进后也要求在“双规”(规定时间、规定国际刊物名单)之下发表英文论文。因此，代表作也必然是以刊评文、以基金评文，代表作制度形同虚设。①

同样，上海交大 ARWU 的第二项指标为“被引用率最高的教师数量”。虽然在学科领域上由“物理、化学、医学、经济学”4 个学科扩展到 21 个大学科领域，然而，它意味着只有其研究成果得到了国际学术界的广泛认可，其文章被引用率才会达到一个可观的程度。可惜这样的教师凤毛麟角，且几个此类顶尖级教师的成就并不能代表整个学校的学术水平。如果可以的话，学校岂不是直接花钱挖人就可以解决学术水平的排名问题了？

学术研究的质量和高度是无法用论文数量和引用率来衡量的，2002 年美国《科学》杂志总编唐纳德·肯尼迪指出：“《科学》杂志上发表的一些优秀论文很少被引用，而一些不那么重要的论文却被广泛引用。”加延德拉·帕尔·辛格·拉加瓦(Gajendra Pal Singh Raghava)指出：高被引不能等同于高质量，因为包括诺贝尔奖在内的大多数奖项都不是基于论文的引用。例如，奥利弗·豪·洛瑞(Oliver Howe Lowry)的论文是历史上最高被引论文，但他未获得诺贝尔奖。相反，一些低引用指数科学家如柯尔(R. F. Carl)(h 指数②仅为 52)，却获得了诺贝尔奖；大多数综述论文比

① 刘益东. 摆脱坏国际化陷阱，提升原创能力和学术国际话语权[J]. 科技与出版，2018(7)：33－38.

② h 指数是一个混合量化指标，可用于评估研究人员的学术产出数量与学术产出水平。

原创论文的引用率高等①。当前大学排名鼓励科学家发表高被引论文，并为此提供建议。但这样也有缺陷，如使研究主题受限，激励不当行为，损害创新②。因此用 SCI、SSCI 标准进行大学排名是不科学的，用之来提升大学的水平更是舍本求末。

第三节　地区偏见

一、 不同地域评审专家的分布不均衡

大学排名中的声望评审有赖于世界各地有经验学者的专业意见。2014 年的排名以汤姆森·路透公司（Thomson Reuters）2013 年 3 月至 5 月间的学术声望调查为基础，共收集到 133 个国家的 10 536 份有效反馈。2010 年是 13 388 份回复，2011 年是 17 554 份，2012 年是 16 639 份，三年共计收到 150 多个国家的 58117 份问卷回复。③ 调查对象的选择力图兼顾地域和学科的平衡。2014 年被访者的地域分布是：北美 25%、中美和加勒比海地区 1%、南美 4%、西欧 19%、南欧 5%、东欧 10%、北非 1%、撒哈拉沙

① RAGHAVA G. Is citation a good criterion? [EB/OL]. (2009-05-15)[2018-11-06]. https://www.natureasia.com/en/nindia/article/10.1038/nindia.2009.133.

② CALVER M C. Please Don't Aim for a Highly Cited Paper[J]. Australian Universities' Review, 2015, 57(1): 45-51.

③ Times Higher Education. World Reputation Rankings 2014 Methodology[EB/OL]. (2014-03-06)[2018-11-06]. https://www.timeshighereducation.com/world-reputation-rankings-2014-methodology.

漠以南的非洲2%、南亚和中亚3%、西亚（中东）5%、东亚13%、东南亚3%、大洋洲10%；学科分布是：社会科学22%、工程和技术22%、物理科学18%、临床医学基础医学和健康科学16%、生命科学13%、艺术和人文学科9%。① 表7－2则更具体地反映了不同地区学者的学科分布情况。

表7－2 2014年学术声望调查对象的地域和学科百分比分布②

	美洲 N③ =3 133	非洲 N =398	亚洲/中东 N =2 494	大洋洲 N =1 018	欧洲 N =3 493
社会科学	22%	15%	18%	36%	21%
工程和技术	20%	19%	29%	11%	22%
临床医学基础医学	18%	20%	16%	17%	12%
物理科学	17%	18%	17%	11%	22%
生命科学	12%	20%	15%	10%	14%
艺术和人文学科	11%	8%	5%	5%	9%

上表数据显示在社会科学领域大洋洲优势明显，工程和技术是亚洲的强项，其他学科的学人则在各个地区都有比较广泛的存在。在区域分布和学科归属之外，2014年“世界大学声望排名”的调查对象还主要表现出如下特点④：1. 语言方面：英语的使用在各洲都最为普遍，在亚洲及中东地区日语和汉语也是常用语，非洲的受访者还比较喜欢运用法语和阿拉伯

① Times Higher Education. World Reputation Rankings Supplement 2014[EB/OL]. (2014－07－31)[2018－11－06]. http://www.timeshighereducation.co.uk/DigitalEditions/ReputationRankings2014/online/download.pdf.

② Thomson Reuters Corporation. Academic Reputation Survey: 2013 Report of Findings[EB/OL]. (2014－07－23)[2018－11－06]. http://ip－science.Thomsonreuters.com/m/pdfs/GIPP_AcamRep_report.pdf.

③ N指样本量。

④ 高飞.《泰晤士报高等教育》“世界大学声望排名”探析[J]. 江苏高教，2015(1)：61－64.

语。同样地，英语也在全部学科中占据优势。此外日语和汉语在特定学科会受到青睐，日语是生命科学领域，汉语则是物理科学以及工程技术领域。2. 职业方面：多数被调查者的身份是学术人员且以全职为主，少部分属于专职科研人员、教学人员、行政人员或管理人员等。3. 工作年限方面：各受访者在学术机构的平均工作时间是18年。地域上美洲学者的工作年限最长，其次是欧洲和大洋洲的专家。学科上艺术和人文学科、物理科学以及生命科学的被调查者往往工作时间高于平均值。4. 性别方面：男性学者的比重远超女性，工程技术与物理科学领域尤为明显；人文和艺术学科中女性比重高于其他领域，但仍不足一半。

二、 对英美大学优厚对待

盎格鲁－撒克逊研究产出模式占据主导地位。自从有了全球大学排名，以美国和英国为典型代表的北美和西欧的高等院校在排行榜上的出现频率就远远高于其他地区的学校，可以肯定地说全球排名更钟情于盎格鲁－撒克逊研究产出的模式。[①] 2005年THE榜上的“世界大学前20名”中，美英等英语语言国家的院校占17所，其中美国12所，英国4所，澳大利亚1所；非英语国家的仅有3所，中国、日本和法国各占其一。2004年的情况也大同小异，英语国家进入排名的院校也是17所，只是院校的名称和名次不同；中国、日本和新加坡各有1所，其中新加坡或许只能算半个非英语国家，因为英语是该国官方语言之一。至于为这些大学排名的评委构成及其背景，暂且不得而知。不难推断的是，英语肯定是多数甚至绝大多数评委的母语。据说，发表论文及其被引用的次数、毕业生是否被国

① 董会庆，董真. 全球大学排名及其影响解读[J]. 世界教育信息，2011(9)：32－35.

际大公司所录用，都是评判名次的重要依据。想必那些论文大多是以英文发表或引用，不然评委何以知晓。由于美英两国是许多国际大公司特别是其总部的所在地，美英两国的大学自然也就“近水楼台”了。

俄罗斯和德国都是世界上响当当的科技大国，当然少不了先进、发达和高质量的高等教育作为支撑。对俄罗斯和德国的不少名校，世人大都有口皆碑。莫斯科国立大学是许多世界知名人士的母校，在美国国家标准局对欧洲各大学及学院教育品质的评审中，它均名列前茅；德国柏林大学则被公认为现代大学制度的发源地。可是在 THE 近年公布的“世界大学前 20 名”中，俄罗斯和德国的院校竟都榜上无名。难道俄罗斯、德国两国国立大学的教学水准和质量，会逊于榜上有名的某国州立大学？

有着悠久历史和厚重文化的印度，其高等教育水平同样不应被小觑。在数学、软件和信息等领域，印度的大学培养了大量世界一流的人才。或许那些搞世界大学排名的人有所不知，就在他们将一所所美国大学排入榜中之时，不少印度教师正在通过互联网给远在西半球的美国学生上课。

四大排行榜也许还给人某种“文明歧视”之感。作为阿拉伯世界最著名的大学之一——开罗大学，在埃及学、阿拉伯和伊斯兰等研究领域，都具有极高的学术水准，其毕业生更是桃李遍天下，尤其深受中东地区的好评和欢迎，然而这样的名校也被拒之榜外。

下述案例反映了因一些欧美大学在选择合作伙伴时对高校排名和声誉的提高以及国际化质量的重视，导致他们产生不愿与非洲等高等教育不发达地区的高校建立合作关系的偏见。

由于经费的缩减、入学人数的提升、破败的基础设施建设、优秀教师向英美等发达国家的流动，非洲高等教育质量面临着危机。部分欧美高校、政府援助机构、慈善组织开始寻求与非洲高校合作，帮助非洲重建高等教育，但实际上合作关系的建立面临着重重困难。博茨瓦纳大学（University of Botswana）的国际教育和合作办公室主管总结了该校合作失败的原因，其中重要的一项就是欧美顶尖的高校只接受与同等层次的高校建立合作关系，“我们不止一次被英国和澳大利亚寻求增加国际影响力的高校告知，他们没办法和我们合作，因为我们在国际排名中的名次不理想。实际上，我们认为合作对学生学习经历的影响与排名根本无关”。

2016 年 5 月 3 日—5 日，英国文化教育协会在南非开普敦召开了“走向全球 2016”（Going Global 2016）国际会议，与会的各个国家高校领导和政策制定者专门讨论了全球排名阻碍高校间国际合作的问题。开普敦大学主管国际事务的副校长、英国文化教育协会教育和社会负责人比尔（Beal）博士表示：“在目前高等教育的南北合作中，一些高校在寻求建立国际合作关系时过于以片面的角度考虑问题。大部分的非洲高校都希望与牛津或剑桥大学建立合作关系，但是他们在国际排名中没有一席之地。而从英国和欧洲大学的角度，他们的高校又仅希望与非洲的开普敦大学等高校合作。”二者之间诉求的不同导致合作关系更加难以建立。①

欧美等国顶尖高校过于片面地为了名次的前进或者依据排名来寻找合作伙伴、建立合作关系，导致了非洲博茨瓦纳大学与欧美高校建立合作关系非常困难。这将使得原本高等教育就较为落后并面临诸多问题的非洲大学，解决其经费缩减、入学人数提升、基础设施建设落后、师资不足等问题更加困难和棘手。长此以往，非洲大学获得的资源、发展的速度将与欧美等发达国家大学之间的差距越来越大，办学质量和学生的学习经历也无法得到有效改善。

---

① HOLM J D, MALETE L. Nine Problems That Hinder Partnerships in Africa[N]. The Chronicle of Higher Education, 2010-06-13. Study International. Going Global Conference Members Hear that Rankings Hinder University Collaboration[EB/OL]. (2016-05-04)[2018-11-06]. https://www.studyinternational.com/news/going-global-conference-members-hear-that-rankings-hinder-university-collaboration-2/. MACGREGOR K. Going Global 2016 - Setting the Higher Education Agenda[EB/OL]. (2016-02-27)[2018-11-06]. http://www.universityworldnews.com/article.php?story=20160227100434229.

三、 偏向于有排名传统的国家或地区大学

THE 和 ARWU 两个榜单中前 100 名高校中绝大多数出自对高校进行国内排行的国家，例如，美国、英国、加拿大、澳大利亚、日本和中国。这是很容易理解的，对排名的熟悉以及搜集、发布数据信息能力的完善使高校得以走向国际排行榜的前沿。意大利和西班牙是个例外，尽管它们都有本国的排名活动，但是，在 THE 的前 100 名中没有两国的大学，而在 ARWU的排行榜中意大利仅有 1 所大学上榜且名列第 97 位。

在 ARWU 排行榜的前 100 名中，92% 是北美和欧洲的大学。在此榜单中，日本是唯一有 5 所大学进入前 100 名的非西方世界国家。而 THE 的前 100 名在美洲、欧洲和亚太地区的分布相对来说则更为均衡。值得注意的是，缺乏排名活动尤其是缺乏国内排名的地区有些不一致。或许正是这种不一致造成那些缺少第三级教育机构排名传统的国家或地区没有一所高校进入 THE 大学 200 强或 ARWU 排行榜 500 强行列。①

第四节 学科偏见

一方面，现行的四大主流世界大学排行榜不仅重视自然科学和医学等学科，忽视社会科学；而且重视学科专业的综合性，忽视学科专业的特色

① 萨尔米，萨拉杨，王利兵，等. 作为政策工具的大学排行榜[J]. 教育研究，2010(1)：59 -68.

化。多数排名体系偏重医学和科学为代表的自然科学领域的科研产出和引文等文献计量学指标，忽视工程学、社会科学及人文科学指标。虽然自然科学和生命科学研究人员也出版学术著作，但是他们的成果主要体现在同行评审的学术期刊中。多数工程学科的成果则以会议论文集或是设计模型的形式反映出来，社会科学和人文科学研究人员的研究成果则主要以著书的形式传播，而艺术家们多以艺术品创作、作曲或者是以媒体形式展现他们的成果。仅以论文发表数量作为排名参数存在严重缺陷，美国相关研究数据表明，学科之间的差异表现为明显的论文发表量的差异。下述案例体现出德国大学由于其学科专业或课程设置的综合性和广泛性不足而导致在世界大学排名中不上不下的处境。

德国大学普遍存在偏科严重现象。德国的工业大学，比如亚琛工业大学、卡尔斯鲁厄理工学院，在理工科都有极高的教学质量，但在文科方面就难免有些无力。因为在德国，人们更重视的是大学的专业排名，德国大学也喜欢把有限的经费都用在自己排名高的专业上，但世界大学的排行榜大多重视各个学校在课程设置方面的综合性和广泛性，这样一来，德国很多极为优秀的理工科或者文科大学在排名的过程中就失去了优势。

德国大学比较偏重理工科，有很多的工业大学、科技大学等，当然也有文科学校，但是真正意义上的综合类大学其实并不多，而世界大学排名一般都是考察综合大学的。概括地说，德国大学的教学水平比较平均，且有各自的强项，从这个角度看，说德国并没有真正意义的精英大学其实也有道理，所以德国人并不怎么看重大学排名，一般是根据专业和就近原则来选择学校。这与德国是一个联邦制国家，各个州的制度都有所不同有关。德国教育体制复杂，各种情况并存。政策在变，每个州也会根据自己的各种条件综合考虑发展一个强项的专业。所以德国大学的专业设置不广泛，专心发展最强的专业，提不起来的专业干脆就不开设。

大学排名看重科研，而现有的科研评估因素明显有利于理工类学科发展而忽视人文社科类学科的特性。大学排名看重大学学者在国际学术期刊上发表的论文数量。理工类学科本身的研究特性决定了学者能在一年内发表数篇高质量论文，而人文社科类学科的学者往往需要几年才能积累一篇高质量论文。由于文科的特性，非英语语言国家人文社科类学科学者发表英文论文具有较大挑战，而理工类学者则不存在这个问题。此外，理工类学科顶级国际学术期刊较多且引用率明显高于同类人文社科类学术期刊。因此，在当下世界大学排名体系中，人文社科类学科实力较强的大学处于不利地位。例如，某院校的生物科学领域人均年发表论文 7. 62 篇，数学领域为 6. 04 篇，社会科学和行为科学领域仅为 2. 14 篇。按照上述各个学科论文发表数量，生物科学的每篇作品被引用次数为 7. 28 次，工程学 2. 95 次，社会科学和行为科学仅为 2. 56 次。软科学论文的被引用率要远低于硬科学论文。

另一方面，《自然》和《科学》主要发表基础科学和生命科学方面的文献。非英语的社科和人文研究通常不会进入社会科学引文索引（SSCI）和艺术 & 人文引文索引（A&HCI）文献库；工程技术类文献完全被排除在外。这些都使得对各国大学研究能力的评估产生严重偏差。① 还有单位教师的引用率问题。每个教师的引用是唯一的文献计量指标（占 20%）。虽然这些指标通过降低大型大学的总纸质计数和引文次数的优势来缓和大学规模带来的影响，但它存在一定的偏差。例如，由于不同学术领域的引文模式不同，社会科学领域的引文比例普遍低于科学领域的引文比例。因此，在高校排名中应慎重运用这一指标。

随着排名指标的逐级分解，具体的指标单位通常并非是所要评估的东西，只不过是与所要评估的项目存在着相关效应或某种有关联的因素。例如，对大学教师的科研水平的评估，偏重将教师发表的学术论文的总量或篇均引用数以及所发表的期刊级别作为排行的主要评价指标，但这些指标

① 许涛. 对各类世界大学排名的辨析和思考[J]. 中国高等教育，2007(17)：26 – 28.

不等于教师的真正科研水平，而仅是与教师科研水平相关联的因素。

第五节　大学类型和经费的偏见

高校科研能力主要是以科研经费、捐助以及国家直接和间接的高等教育研发经费为支撑的。例如，在国际排行榜中排名最高的3所加拿大大学，同样也是科研经费收入最多的大学。同样，第三级教育研发经费占国家研发总经费比例越高的国家，其高校就越有可能获得更多的资源，从而跻身于国际排行榜。显然，国际排名总是垂青于研究型大学，而将那些优秀的本科教学型高校甚或是那些拥有大量科研活动和研究生培养项目却被归为综合性的高校挡在门外。将《麦克林》2005年综合类排行榜前3名的大学与其在THE和ARWU排行榜中的位置加以比较，便可以说明这种不利情势（见表7－3）。①

表7－3　加拿大大学在不同排行榜中的排名

《麦克林》综合大学排行前三名	THE	ARWU
滑铁卢（Waterloo）	159	293
维多利亚（Victoria）	—	291
圭尔夫（Guelph）	—	256

同样，国际排行榜也总是偏好那些私立或精英型高校。“在过去30年

① 萨尔米，萨拉杨，王利兵，等．作为政策工具的大学排行榜[J]．教育研究，2010(1)：59－68．

中名气和业绩不断攀升的大阪大学一直被视为一所高水平的公立高校。即便如此，它还是不可能排在京都大学或东京大学之前。”① 以私人部门资金作为高校主要经费来源的国家在排行榜中也格外引人注目。根据经合组织统计数据，这些国家包括澳大利亚（私人经费约占52%）、日本（约占51%）、美国（约占45%）、加拿大（约占42%）和英国（约占28%）。

欧洲批评全球排名。欧盟委员会以及一些欧盟成员国一直批评已建立的排名方式，称它们“含有许多偏见”，并且未能“准确地”代表大学及其研究活动的多样性和多功能性。该委员会认为，许多现有的排名并没有真正实现这一目的，例如因为他们专注于研究而不是教学，专注于整个机构而不是计划和部门。

2008年委员会的一项研究质疑了ARWU世界一流大学排名所依据的统计数据，并得出结论认为ARWU排名和THE排名都无法有效地排名欧洲大学。法国长期以来一直呼吁欧洲替代目前的全球排名，认为现有排名的选择标准有利于盎格鲁-撒克逊高等教育机构，但不利于法国和其他欧洲大学。

以德国在世界大学排行榜中落后的情况为例。在ARWU排名中，权重最高的就是科研，包括学术机构的科研力量和论文引用。但在德国，首先，由于学术资金有限，德国的大学一般并不是学术研究的主力。德国科研的顶尖力量主要来自国家的科研机构，如弗劳恩霍夫协会、马克斯普朗克学会、莱布尼茨研究所、亥姆霍兹联合会等等。虽然这些机构跟大学有一些合作，但基本上都是独立研究和发展的。其科研成果也是独立发表，分开计算。在大学排名中这些科研结果都不会被纳入考量范围。其次，由于德国大学科研力量较为分散，其科研项目并不像其他国家的大学“集中

① YONEZAWA A, NAKATSUI I, KOBAYASHI T. University Rankings in Japan[J]. Higher Education in Europe, 2002, 27(4): 373-382.

生产”，相反他们则是“分散式研究”。比如专科学校主要是横向的研究，内容主要针对工业应用；科技大学的研究内容主要也是针对工业应用，以及自然科学基础研究，如数学、物理、化学；而传统型大学则主要是人文、社会科学、自然科学的研究。因此这些科研力量，包括科研资金、科研人员、科研设备等等就会被分散，所以德国没有一个像英美国家那样综合能力很强的大学。

第六节　成果认定的偏见

一、 大学的社会贡献价值得不到应有体现

大学排行榜以偏概全、盲人摸象是谁都无法回避的事实。首先，从高校人才培养及其科研创新成果的转化能力来看，如果沿用目前国际盛行的各类大学排名指标体系，我们看不到高校人才在“两弹一星”、水稻栽培、小麦育种等方面所作出的卓越贡献，看不到高校科研为高铁、核电、光伏、通信、新能源等领域提供的关键技术支撑，也看不到高校创新在高科技成果转化、高新产业孵化、企业转型升级过程中体现的社会服务价值。

其次，从上述概况不难发现，当前的世界大学排名科研测评囿于传统基础研究。传统上，莫顿的“科学规范”和“布什范式”将科学研究二分为基础研究和应用研究，在这种二分法指导下，大学科研人员不受社会经济利益约束，具有高度自主的科研空间，主要从事基础研究。大学的基础研究的实施不考虑实际结果，基础科学一旦受命于不成熟的实际应用目

标，就会断送它的创造力；而产业部门主要从事应用研究①，结果使得大学与产业之间形成明显的科研鸿沟。而在以技术创新为灵魂的知识经济社会，基础研究与应用研究之间的界限日趋消解，并出现了如斯托克斯所述的“应用引起的基础研究②”。尽管基础研究仍然是当代大学科研的根本取向，但应用型基础研究、应用研究、技术开发已经成为大学科研体系的重要组成部分。传统上大学基础研究的主要表现形式是科技论文，而应用型基础研究以及应用研究和强调创新的技术开发等科研成果的表现形式呈现多样性，科技论文仅是这些科研成果的表现形式之一，其他如专利、生物材料等非论文形式的科研成果所占份额不断增加。而当前的世界大学排名科研测评主要以数据库期刊论文作为评价依据，这就意味着基本上都是对传统基础研究成果的评价，而对如专利性知识等难以测评。另外，如ARWU采取的诺贝尔奖和菲尔兹奖作为评价指标，也说明这些评价指标主要指向基础科学研究，因为这些奖励基本上都是基础原创性研究成果。③

德国大学在学术与科研的关系方面呈现这样一种特点，即德国大学的教育与学术科研相分离。德国首先是个工业大国，德国人注重自己的工业发展，科研力量也会往应用上倾斜，并不像美国能够将自己的科研成果直接输出。从基础科学研究到工业应用还是有一段距离，因此自然科学并不占优势。

德国大学的学术资金有限，所以大学一般并不是学术研究的主力，承担这部分责任的主要是各种科研机构和协会，比如大名鼎鼎的马克斯·普朗克科学促进协会（MPG）、弗劳恩霍夫协会（Fraunhofer-Gesellschaft）、

① BUSH V. Science, the Endless Frontier: A Report to the President on a Program for Postwar Scientific Research[R]. Washington, D. C.: National Science Foundation, 1945.

② 斯托克斯. 基础科学与技术创新：巴斯德象限[M]. 周春彦，谷春立，译. 北京：科学出版社，1999.

③ 武学超. 世界大学排名科研测评的影响与缺失[J]. 中国高教研究，2010(3)：43－46.

亥姆霍兹联合会（Helmholtz-Gemeinschaft）、莱布尼茨学会（Leibniz-Gemeinschaft）、洪堡基金会（Alexander von Humboldt-stifurg）等。虽然这些机构跟大学有一些合作，但基本上都是独立研究发展的。其科研成果也是独立发表，分开计算。在大学排名中这些科研成果都不会被纳入考量范围，德国大学也只能“哑巴吃黄连——有苦说不出”。

此外，德国的科研项目并不像其他国家“集中生产”，相反他们是“分散式研究”，各个学校有自己的专业侧重，因此这些科研力量，包括科研资金、科研人员、科研设备等等就会被分散，而德国也没有一个像英美国家那样综合能力很强的大学。

这种大大小小的科研机构在德国有很多，他们都有很强的科研实力，也有相对雄厚的资金，有些是与大学合作进行研究的，有些是完全独立的。而在英美顶尖大学里，科研项目占了很大的比重，资金投入也相当可观，成果也非常显著。所以如果根据学术研究成果来打分，德国大学根本排不到好名次。

除此之外，德国大学的教授数量基本是固定的，德国公立大学的教授也都是由政府任命的并具有终身教职的国家公务员。也就是说，新的教授职位基本都要等到老教授退休才能空出来。这样一来，德国高校很难聘请和留住年轻的科学家，也就从一定程度上流失了科研的新生力量。

二、 非顶尖科研成果奖项得不到应有认可

当前的大学排行榜在科研奖项方面存在歧视问题。虽然有许多国际著名的学术奖项可以考虑，但最为公认的是诺贝尔奖和菲尔兹奖，因此排名只考虑了这两种奖项，这样做带来的后果使其他很多非设奖项的学术贡献无法体现。

表 7 – 4　上海交大 ARWU 2018 年指标体系

标准	二级指标	编码	权重	数据来源
教育质量	获诺贝尔奖和菲尔兹奖的校友	Alumni	10%	· SCIE 和 SSCI · 高被引科学家 · 《自然》 · 《科学》 · 科睿唯安（Clarivate Analytics）/科学网（Web of Science）数据库
教师质量	获诺贝尔奖和菲尔兹奖的教职工	Award	20%	
	各学科领域引用次数最高的科学家数量	HiCi	20%	
科研成果	在《自然》和《科学》上发表的文章	N&S	20%	
	被科学引文索引扩展版（SCIE）和社会科学引文索引（SSCI）收录的论文数量	PUB	20%	
人均学术表现	大学人均学术表现	PCP	10%	

从表 7 – 4 可以看出上海交大 ARWU 排行榜 2018 年指标体系中的诺贝尔奖指标，包括校友和教师两类。一个高校的学术水平，绝对不可能简单地由它是否培养了物理、化学、医学、经济学的诺贝尔奖获得者来决定。是否培养了诺贝尔奖获得者，仅仅是高校所培养的诸多优秀人才或高水平学术人才的一部分。并且诺贝尔奖指标仅局限于 4 个学科，没有涉及其他学科，难道培养其他学科的高水平人才就不能反映学校的学术水平吗？同理，高校的教师质量也不能由极少数获得诺尔贝奖的教师来决定。

第八章　大学排名助长非理性办学

世界大学排名的出现，受到政界、学界和一般公众前所未有的关注。排行榜具有重塑高等教育全球图景的能力，世界各国政府、大学和公众都希望从排行榜中汲取改革发展的灵感①。大学排行榜的影响力波及广泛，其影响力在政府对大学的投资决策、大学的战略选择以及学生择校等环节得到充分体现：其一，大学排名可以显示一国高等教育的成就，因此一些国家的政府把大学排名作为财政资源分配的依据；其二，大学在制订战略规划时，以世界大学排名体系的指标作为参考工具；其三，学生、家长在择校时，运用排名结果定位理想学校。然而，在排名的指标、方式等存在明显偏颇、偏差和偏见的情况下，当排名活动本身成为一种目的而不能有效测量质量改善情况的时候②，赋予大学排名极高权威，会对大学的发展

① SCHOFER E, MEYER J W. The Worldwide Expansion of Higher Education in the Twentieth Century[J]. American Sociological Review, 2005, 70(6): 898 -920.

② 萨尔米，萨拉杨，王利兵，等. 作为政策工具的大学排行榜[J]. 教育研究，2010(1): 59 -68.

产生极大风险①。

由于对大学排名结果的过度宣传和媒体包装，首先撬动的是大学的直接服务对象——学生和家长，并且将排名置于高利害位置，然后逐渐向大学、政府和整个社会蔓延，众多利益相关者竞相加入这场博弈中。尽管排名的拥护者极力为其辩护，但是，事实上排名已经产生了明显的消极影响：助长大学急功近利，助长忽视学生和教学的倾向，助长淡化办学特色，助长大学盲目扩张，助长不道德竞争，助长西方文化中心。

① 袁振国. 大学排名的风险：大学变革的历史轨迹与启示之四[J]. 中国高等教育，2016(20)：26-29.

第一节　助长大学急功近利

大学是人类伟大的历史文化遗产。习近平总书记曾指出，办大学，最重要的是人们心中的声誉，是自己的底蕴，是自己的积累，这是需要长期积淀之后在人们心中形成的。① 世界上为人们口口相传的著名大学，通常拥有超过百年的办学历史。在漫长的办学历史中，大学因适应时代变革，不断丰富并发展其办学使命，形成自身的优势学科特色，不断涌现卓越大师和科学巨人。审视当前的世界著名大学可以发现，他们普遍具备共同的特征，包括能够吸引和培养人才（talents），拥有充裕资源（resources），能够实现有力的治理（favorable governance）等②。以上要素在大学的办学历史中积聚，成为一流大学的坚实基础。

从总体上看，一流大学建成的过程是缓慢的，学校的发展战略也是稳定的。然而，为了提高发行量、吸引读者眼球，世界大学排名的发布时间间隔和所测指标方面都具有明显的短期导向，容易给大学带来压迫感。有人将世界大学排行榜比喻为“奥林匹克竞赛”，但与世界大学排名不同的是，即使是奥林匹克竞赛，它的举办周期也长于一年。在一个个世界大学排名的影响下，参与其中的大学处于高度紧张状态，于是在人才引进、资源配置、管理方式等方面产生一系列急功近利的行为。

---

① 朱珉迕. 习近平：大学要看底蕴 别太在意排行[EB/OL].（2017 - 03 - 07）[2018 - 11 - 06]. http://www. china. com. cn/education/2017 - 03/07/content_40424119. htm.

② ALTBACH P G, SALMI J. The road to academic excellence: the making of world - class research universities (Russian) [R]. Washington D. C.: World Bank, 326 - 333.

一、大学间“抢人”大战

人才流动是社会发展的必然现象。随着经济全球化的不断加快，人才的全球流动日益增长，由于人才在生产力中属于最活跃的要素，因此在全球范围内流动、循环、配置也将更加广泛①。人才流动是由经济社会发展的客观规律和人才自身发展的内在规律决定的②。人才竞争是社会竞争的核心，同样也是高校竞争的核心。合理的竞争机制可以调整人才流向，促进人才资源的合理配置，但不合理的竞争则容易导致同质化、恶性比拼、“引才”与“用才”链接游离等问题③。由于世界大学排名的短期利益导向，使得大学类似于“商业机构”，为提高名次而开展“军备竞赛”，上演“抢人”“挖人”大战。

（一）大学引进人才目的功利性

为提高排名中的科研产出量，有些大学通过招收兼职教师的方式提高论文数量。一些大学致力于引进知名学者作为学校兼职教师，要求其在期刊论文发表中添加学校名字，以提高统计时学校的论文产量。此外，很多非英语语言国家的大学不惜花费重金引进国际教师，以提高国际教师比例和完成论文数量的指标，也成为大学排名催生的利益链。部分大学为了提高学校的国际声誉（如国际师生比），引来很多没有严格审核的国际教师和国际学生。有研究者认为，“这种鼠目寸光的做法长远来看将降低大学

---

① 梁伟年. 中国人才流动问题及对策研究[D]. 武汉：华中科技大学，2004.

② 刘文普，邵伏先. 试论人才流动的三大规律[J]. 求索，1994(2)：38－41.

③ 桂昭明. 有序竞争推动人才合理流动[J]. 中国党政干部论坛，2018(6)：22－26.

声誉”①。

我国“双一流”建设开始以后，作为“双一流”建设第一资源的高校高层次人才，随即成为各地高校争抢的目标，并在各种资本力量的推动下，将正常的高校教师流动演变为“人才大战”，高校以高薪高待遇竞价“挖掘”拥有“学术头衔”的高校教师②。各地大学公布的人才新政可以概括为，“送房子、授帽子、给票子”。以“千人”“青年千人”“杰青”“优青”等“帽子”论人才的直接原因是，这些拥有学术头衔的高层次人才往往具有丰硕的科研产出，大学热衷于此的着眼点在于提高大学名次以及大学评估的需要。于是，不少地区和学校忽视自身办学和发展的实际，盲目地加入这场人才争夺战之中，跟风、攀比等现象屡见不鲜。③ 有学者调查国内31个省市、自治区的“985”“211”及普通高校的人才引进计划，发现当前传播甚广的高校引进人才政策的薪酬、科研费、安家费等费用，俨然将“学术人”明码标价为“商品人”（见案例8－1）。

（二）西部高层次人才难以保留

各地的“抢人大战”中，欠发达地区处于明显弱势地位，加剧了我国欠发达地区高校优秀教师的流失问题。不少经济发达省市凭借优厚薪酬从中西部高校挖取高层次人才。研究者指出，“部分高校为了在短期内冲击项目和成果指标，盲目扩大专职科研人员和博士后研究人员规模。经济发达地区的博士后人员的薪酬竞赛已经迅速涨到几十万元不等，欠发达地区

① 滕珺，屈廖健．反思高等教育排名　重塑世界学术格局：联合国教科文组织《高等教育排名与问责：善用与滥用》述评［J］．比较教育研究，2014(7)：63－68．

② 丁煜，胡悠悠．高校教师流动：向上流动的失序和向下流动的失灵［J］．高教探索，2018(6)：96－100．

③ 杨岭，毕宪顺．“双一流”背景下大学高层次人才流动的失序与规范［J］．社会科学家，2017(8)：130－135．

吸引优秀青年人才难上加难①。”由此可见，世界大学排名不仅扰乱了大学的原有发展生态，而且容易导致排名靠后的学校中优质教师的流失，不利于弱势学校的可持续发展。

2017 年，教育部办公厅发布《关于坚持正确导向促进高校高层次人才合理有序流动的通知》指出，要“坚持正确的人才流动导向”，“科学合理统筹人才薪酬待遇”，并强调“不鼓励东部高校从中西部、东北地区高校引进人才”，“高校之间不得片面依赖高薪酬高待遇竞价抢挖人才，不得简单以‘学术头衔’‘人才头衔’确定薪酬待遇、配置学术资源”。针对东部发达地区大力引进中西部和东北地区高校人才的现象，教育部长陈宝生直呼：挖走这些人才，就是在掘人家的命根！

案例 8－1　高层次人才“商品化”现象

根据王建华、郭书剑对中国大陆地区 31 个省、直辖市、自治区大学高层次人才引进政策文本的调查，东部“985”高校，一类人才引进的平均年薪大于等于 110 万元；二类人才引进年薪为 65 万元—85 万元，科研经费 200 万元—300 万元，平均生活补贴或安家费 110 万元；三类人才年薪 40 万元—50 万元，科研经费 100 万元—300 万元，平均住房面积 120 平方米，平均生活补贴或安家费 65 万元。东部“211”高校，一类人才引进年薪为 80 万元—135 万元，科研经费 500 万元—1000 万元，平均住房面积 135 平方米，平均生活补贴或安家费 280 万元；二类人才引进年薪 52 万元—83 万元，科研经费 350 万元—678 万元，平均住房面积 120 平方米，平均生活补贴或安家费 200 万元；三类人才引进年薪 36 万元—46 万元，科研经费 161 万元—323 万元，平均住房面积 90 平方米，平均生活补贴或安

① 张端鸿. 究竟谁能为高校“双一流”建设的成效提供“担保”？[EB/OL].（2018－09－29）[2018－11－06]. http://www.edu.cn/ke_yan_yu_fa_zhan/gai_kuang/zhuan_jia_ping_shu/201809/t20180929_1627232.shtml.

家费 120 万元。东部普通高校，一类人才引进年薪 193 万元—246 万元，科研经费 667 万元—1500 万，平均住房 200 平方米，平均生活补贴或安家费 450 万元；二类人才引进年薪 72 万元—119 万元，科研经费 287 万元—518 万元，平均住房面积 175 平方米，平均生活补贴或安家费 200 万元；三类人才引进年薪 46 万元—75 万元，科研经费 196 万元—234 万元，平均住房面积 150 平方米，平均生活补贴或安家费 150 万元。此外，对高层次人才科研成果奖励也采用量化、商品化的奖励。比如，有的大学对国家自然科学一等奖的奖励金额高达 210 万元，有的大学对省部级科学技术一等奖奖励金额高达 30 万元，有的大学对国家层面人文社会科学一等奖奖励金额高达 70 万元，对教育部层面人文社会科学一等奖奖励金额高达 50 万元，对省级及其他部级人文社会科学一等奖奖励金额高达 25 万元，对国际顶级期刊《科学》《自然》论文进行奖励金额高达 110 万元。①

（三）大学引进人才计划短视

伴随大学间对高层次人才追逐的非理性，大学的师资队伍建设只重视引进而轻视培养，原有师资与引进师资产生生态失衡，师资队伍状态极不稳定而人人心浮气躁。② 一方面，忽视引入人才的长远规划，产生人不尽其用的问题。不少大学引进高层次人才仅仅为解决评估等工作的“燃眉之急”，使得制订人才引进计划往往表现为“权宜之计”，只为一时之用。

另一方面，人才流动并没有增加高层次人才的总数，反而增加人力资源成本。在恶性竞争中，大学之间对高层次人才的非理性追逐，出现了个别学校的泡沫式繁荣，在全局上并没有增加一流人才的总数。有些大学即

---

① 杨岭，毕宪顺.“双一流”背景下大学高层次人才流动的失序与规范.[J].社会科学家，2017(8)，130－135.

② 刘尧. 高等学校高质量发展策略实施失当举隅：从高等学校频繁更名与追逐排名等现象谈起[J]. 上海教育评估研究，2018，7(4)：20－23.

使凭借优厚报酬引入了人才，但也因为科研条件、研究团队和学术平台、环境等跟不上，最终致使这些高层次人才在学术研究方面难以有新的大作为。

二、 资源配置向能快速提升排名的学科和领域倾斜

教育资源是建设一流大学和学科不可或缺的条件。高等教育资源配置是一项必不可少的工作。在高校层面，需要做好不同院系、不同学科、不同专业的资源配置。其中，资源配置包括一般社会资源（人、财、物等）和高校内部的特殊资源（招生权、学位授予权等）①。世界大学排名影响了大学的资源配置决策，大学在资源配置方面越来越受到市场思维的影响，由此引发大学的战略调整。

（一）在资源有限的情况下不适当地向科研和市场活动倾斜

世界大学排名具有明显的科研导向，因此从提高排名的效率来说，科研成果指标的提高见效更快，对于大学排名的拉升更加明显。一方面，许多大学都把资源投向有助于提升排名的科研领域。很多学校把财政资源投入到科研项目中而非教学领域，甚至尝试削减教学开支。为了加速科研产出，曼彻斯特大学“启动了一项具有挑战性的举措，旨在通过网络学习和研究生助教的方式来提高效率”②。大学无视高等教育发展规律，不顾学生学习效果，改革本科生教育，最终不利于学校的发展生态。在经合组织和

---

① 李文长. 高校资源配置模式与绩效[M]. 北京：北京师范大学出版社，2011.

② HAZELKORN E. Rankings and the Reshaping of Higher Education：the Battle for World – Class Excellence[M]. 2nd ed. London：Palgrave Macmillan，2015：122.

国际大学协会联合发起的全球大学校长和高级管理人员调查中显示，世界大学排名影响到大学的教学和科研关系，更多优质科研资源向能产生突出成果的科研领域转移，不少大学追求高水平的科技论文产出。①

另一方面，许多高校在办学时将招生、市场宣传和公关活动作为主要事务，投入大量的资金和人力。过分追求名利使高校管理更加商业化，忽视了高校服务社会的公益性。排名还诱导一些高等院校过度倚重硬件建设，为了增加与物质资源相关的指标，大学将大量资金投入到兴建校舍、购买图书等基础设施方面，这就大大增加了高校的财政支出，使财政负担增加。这在一定程度上浪费了有限的教育物质资源，而在高校质量的提高上可能没有太大帮助。②

（二）向热门学科专业倾斜

"热门专业"是社会上公认的就业市场最大的专业，大学排名具有考量学校的雇主声誉等指标，为了提高雇主对学校的认知度，很多学校纷纷开设就业市场大的专业。此外，由于世界大学排名所具有的学科偏向，高校学科专业在排名体系中也形成了"热门专业"和"冷门专业"，为提高论文产量和引用率指标，学校偏向于增设产出相对较高的学科专业。基于以上因素的考量，单科性院校的教育资源配置受到影响，很多专门性大学在没有充分考虑自身办学条件和市场需求变化的情况下，盲目开办热门学科专业和低成本专业。③

此外，由于世界大学排名重视自然科学和医学等学科，市场模式会引发高校在资源投入时偏好有利于地位提升快的学科。为快速提高学校排名

---

① 武学超．世界大学排名科研测评的影响与缺失[J]．中国高教研究，2010(3)：43－46.

② 陈晓珊．大学排行榜对大学行为的影响[J]．当代教育科学，2016(21)：56－60.

③ 陈国良，董业军，王秀军．我国高等教育布局结构面临的挑战及对策建议[J]．复旦教育论坛，2011，9(3)：49－54.

指标得分，大学会把更多优质科研资源用于科研成果突出的学科领域①，这就导致自然科学学科的优势地位更强，人文和社会科学居于弱势地位。许多学校在缩减文科等学科经费的同时，增加了自然科学研究经费。当年为了回应都柏林大学学院进入 THE－QS 前 100 名的愿景，有人抱怨："更小的学科，例如电影研究和语言的资助大幅度下降了。同时，建立科学大楼的脚手架陆续出现②。"

三、 管理方式变得简单粗放

治理能力同样是一流大学建设的必要条件。合理的管理架构、强有力的领导力以及胜任的管理团队能够促进组织走向繁荣。学校在办学过程中要不断丰富并完善自身的治理结构、价值理念，保证学校的正常运作。由于世界大学排名评价周期的短期性、评价指标的量化特征，给高校管理带来压力，在实践中易关注眼前利益，注重局部利益，疲于应付排名，简单以论文数量作为考核指标，采用末位淘汰的高竞争管理方式，从而忽视了内涵建设。

（一）论文数量被过分地强调

各国政府和高校都将战略目标直指世界大学排名，要求高校争取或保持"世界一流"位置。在设立具体目标时，与排名相关的指标成为众多大学绩效考核的关键内容。在政府、高校高度强调排名结果的背景下，很多部门都选择跟着排名机构的指标走，论文发表数量成为组织内部考核的重

---

① 武学超. 世界大学排名科研测评的影响与缺失[J]. 中国高教研究，2010(3)：43－46.

② 指大学开始热衷于建立科学大楼，发展自然科学。

点，论文数量和期刊等级决定了高校资源分配的方向。当评价与资源相挂钩，评价就具有了“指挥棒”的意义①。

《人民日报》于2016年刊载评论文章《论文指挥棒，到底有多“牛”?》。文章指出，不管是高校还是科研机构、医学院还是医院，晋升职称还是年终考核，评国家奖还是选拔人才，论文都已成为最重要的指挥棒——许许多多的科教人员正无奈地被论文牵着鼻子走。论文一方面决定了教师的职称考核，另一方面也成为津贴和奖励的依据。评论中指出：“据不完全统计，近90%的高校出台了发表论文的奖励政策，论文奖励成为教师增加收入的重要渠道。”多位受访者表示，现在论文导向几乎到了无孔不入的程度。除了单位内部的职称晋升、年终考核、津贴奖金，国家相关部门的项目申报和结题、奖励评审、人才评价、院士评选、学科评估，以及五花八门的单位排序中，论文都成为衡量水平高低的重要评价指标。无论是评审专家还是被评估方，都非常重视评价论文的数量和影响因子、被引用数，而不是其对科学发展的实质影响和对经济社会发展的实际贡献。②

针对很多高校管理者仅从提高大学排名或者政府部门的认证评估等角度制订考核指标，有学者批评：“在严格的绩效考评控制和国家引智政策的资源支持下，排名上涨速度很快是可能的，但这是否具有真正的学术价值和可持续性，亟待反思和研究。”③

---

① 张端鸿. 究竟谁能为高校“双一流”建设的成效提供“担保”? [EB/OL]. (2018-09-29) [2018-11-06]. http://www.edu.cn/ke_yan_yu_fa_zhan/gai_kuang/zhuan_jia_ping_shu/201809/t20180929_1627232.shtml.

② 赵永新，谢婷婷. 论文指挥棒，到底有多“牛”? [N]. 人民日报，2016-9-5(18).

③ 中国产经新闻. 看重排名对大学办学是利是弊[EB/OL]. (2016-12-03)[2018-11-06]. http://news.hexun.com/2016-12-03/187180268.html.

（二）催生高校“发表还是出局”的考核文化

具有技术化、数量化倾向的科研标准给青年教师带来沉重压力，而大学排名的高压性和紧迫性愈加拧紧了高校科研制度的阀门。排名机构把论文数量作为高校教学和科研水平的重要指标，反过来使高校更加以论文为重。当前，很多高校建立的教师考核评价机制，具有明显的以论文为主要评价指标的导向，包括论文的数量、发表期刊的影响因子、引用情况等。研究型大学普遍要求教师在国际学术期刊，尤其是在科学引文索引（SCI）和社会科学引文索引（SSCI）期刊上发表论文。以论文为主要的考核评价指标，会带来诸多短期化倾向，给教师带来沉重负担。

2014 年，共青团北京市委对北京高校的 16 738 名专任青年教师进行调查，按照专业技术职务来划分，正高级 199 人，占 1.2%；副高级 2 363 人，占 14.1%；中级 10 360 人，占 61.9%；初级 2 321 人，占 13.9%；未定职级 1 495 人，占 8.9%。教师职称队伍结构整体呈现出中间大、两头小的纺锤状，职称晋升的拥堵现象严重。在职称考核指标中，量化的考核标准让不少急需职称改变生存状况的青年教师写了大量质量不高的文章。在调研中，受访教师表示，老师假期都会忙科研，“平常教学任务重，没有一段时间可以专心用来写论文、研究课题，所以双休日、寒暑假就非常适合静下心来做科研”①。在对外经贸大学廉思教授研究团队有关青年教师的研究课题中，也呈现了高校教师的焦虑状态（见案例 8 -2）。

案例 8 -2　对外经贸大学廉思研究团队发布《“工蜂”——中国高校青年教师调查报告》②

2012 年，对外经贸大学廉思研究团队所著《“工蜂”——中国高校青年教师调查报告》发布。该报告描绘了当前“70 后”“80 后”高校教师的

---

① 诸葛亚寒. 高校“青椒”坐冷板凳担大事业[N]. 中国青年报，2015 -05 -11(5).

② 廉思. 工蜂：大学青年教师生存实录[J]. 教育，2012(32)：61.

画像：彭锋每天都觉得自己"在跟时间赛跑"。他工作日的时间表通常是：上午读书、查资料，带几个学生做调研，撰写由老教授或系主任"挂帅"的课题报告；下午到学校教两个半小时的课，再找财务"弄1个小时的报销"。双休日里，除了外出参加学术会议外，他给自己定了个"文献翻译计划"，为争取在国际期刊上发表论文搜集素材。

调查报告显示，72.3%的青年教师感到"压力大"，其中科研任务重是最大的压力源，由于绝大多数高校把职称和职务晋升与发表论文数、出版著作数、申请课题数等量化指标直接挂钩，78.1%的"工蜂"认为，自己从事科研的时间"不够用"，甚至"很不够用"。

有研究者指出，教师如果不能发表论文，就意味着会出局，高校正在形成"发表还是出局"的文化。在这一价值观引导下，教师的工作重心转向论文产出，但是很多研究者发现，论文发表数量的增多并不能保证论文发表的质量和创新性。艾尔维森（Alvesson）和桑德伯格（Sandberg）研究发现，在管理学领域，只见论文数量的激增，却严重缺少影响力大的研究成果，缺少创造性和革新性的研究发现①。阿德勒（Adler）和哈兹瑞（Harzing）认为仅依靠数量的学术评价系统使研究人员无法潜心钻研知识，指出当前的学术评价系统是功能失调的，会带来很多危害②。一方面，重科研的学术导向会导致学术研究的同质化。邦驰赫（Bouchikhi）和金伯利（Kimberly）指出，"发表还是出局"的学术文化的一个负面影响是出现越来越多的同质化研究，即研究人员倾向于发表与主流范式一致的研究结

---

① ALVESSON M, SANDBERG J. Has Management Studies Lost Its Way? Ideas for More Imaginative and Innovative Research[J]. Journal of Management Studies, 2013, 50(1), 128 - 152.

② ADLER N J, HARZING A - W. When Knowledge Wins: Transcending the Sense and Nonsense of Academic Rankings[J]. Academy of Management Learning & Education, 2009, 8(1), 72 - 95.

果，以提高论文在论文评审中的接受率①。另一方面，会出现各类学术不端行为，科研人员会为了发表论文而伪造数据。例如，有研究证实，过分强调发表数量的重要性“往往会降低论文论述的客观性”，最终“损毁科学实践意义”②。

在国内，一些研究人员也已开始反思高校以发表论文数量来评判学术成果的消极影响。林中祥认为，当前的科研评价，一般每年对教师的科研进行“计分”，评价教师拿到多少经费、发表多少文章专利、有多少影响因子。他认为，“这不是让科研长成参天大树，这是在‘割韭菜’”。他以著名数学家陈景润为例，指出计算论文发表数量的评价体系会阻碍产出类似影响力的科学发现。③

排名除了因过度重视科研成果而过犹不及外，还会影响教师的身心健康。在一项质性研究中发现，很多青年研究人员对于在一定期限内发表一定数量的论文存在很大心理压力。一方面，时间紧，3 年发表 5 篇论文的要求，意味着半年就要发表一篇文章。而且很多期刊的论文审稿周期长，论文投稿有很多不确定因素。另一方面，语言转换需要投入更多时间和精力。在很多国外学校，要求副教授 6 年内发表 30 篇 SCI 论文（被科学索引收录的期刊所刊的论文），没有论文发表，就需要走人，所以他们的压力很大。为了达到科研要求，受访者表示一天工作 10—15 小时，一周工作 7 天，受访教师普遍抱怨累。对于女教师而言，为了科研牺牲得更多，在受

① BOUCHIKHI H, KIMBERLY J R. “It's Difficult to Innovate”: The Death of the Tenured Professor and the Birth of the Knowledge Entrepreneur[J]. Human Relations, 2001,54(1), 77 - 84.

② 田美，陆根书．发表还是出局?:“Tenure - track”机制下青年教师发表国际学术期刊论文的压力[J]. 复旦教育论坛，2016，14(5)：14 - 20;34.

③ 林中祥．年度考核将给中国科研带来无穷的后患[EB/OL]. (2015 - 8 - 30)[2016 - 08 - 24]. http://blog.sciencenet.cn/blog - 279177 - 916980.html.

访的女教师中，有一些人不得不为了终身教职延后个人生活计划①。

第二节　助长忽视学生和教学的倾向

“国势之强由于人，人材之成出于学。”大学的真正功能是“培养良好的社会公民”，通过对公民的塑造，“带来社会的和谐”。在大学的发展历史上，经历了英国大学以培养绅士、德国大学重在培养学者、美国大学致力于造就专家的发展阶段，但是就其本质而言都始终坚持以人才培养作为首要的社会职能。在社会发展变化中，大学的社会职能不断扩展，而人才培养始终是大学存在和发展的核心使命。② 人才成长需要多种因素配合，在不同时期有不同的人才培养模式。

反观当前的世界大学排名，排名机构试图通过简单的第三方声誉调查来衡量外界对大学课程的看法，通过与教学无直接关系的绝对指标（如博士与学士的授予比例）来反映教学水平。这些数据根本无法揭示大学人才培养的复杂性，只会诱导大学关注外在的数量，忽视实际教学过程和教学质量，最终使得人才培养功能在大学发展战略中走向边缘。由于排名没有体现学生成长所需要素，没有反映学校育人的过程和质量，因此大学中出现了本科教学濒临边缘化地位、忽视学生培养和成长的过程等现象。

① 田美，陆根书．发表还是出局？：“Tenure – track”机制下青年教师发表国际学术期刊论文的压力[J]．复旦教育论坛，2016，14(5)：14 – 20;34.

② 眭依凡．大学的使命及其守护[J]．教育研究，2011(1)：68 – 72.

一、 本科教学濒临边缘化地位

受到大学内部资源分配的影响，本科学生获得优质教学设施和教学人员的机会减少了，越来越多的资金被分配到与教学无关的科研工作中，教师工作精力的分配也同样优先考虑科研而非教学，国内大学出现“本科教学不受重视”“少数教授不上课”等突出问题①。

教学中心地位遭到削弱。大学排名促使高校在校内经费和资源配置中往科研方向倾斜、鼓励教师增加在特定期刊上发表文章和申请科研经费等，这种发展趋势会逐渐改变教师工作的重点，导致教学和科研之间不平衡的现象。

由香港大学教育政策研究中心原常务副总监李军博士主持的世界大学联盟（World Universities Network）研究项目《世界一流大学、科研及评估——全球化中高等教育使命的再反思》，运用目的性抽样策略，确定以中国内地（TCU）、中国香港（THKU）、日本（TJU）和美国（TUSU）四种不同环境下的研究型大学为案例，进行量性和质性数据采集，研究发现四所案例大学都对科研极为重视，大多数被访谈者认同科研是大学特别是研究型大学的核心使命（见案例8-3）。

沃波尔（Walpole）对U. S. NEWS和《商业周刊》（简称BW）排名前25名的顶尖商学院的734名教师进行了问卷调查，结果显示被调查教师中有24%认为排名使他们感到平衡教学与科研的困难，资历较浅的助理教授（29%）、女性教授（33%）、排名较低学校的教师更多地认为在平衡教学

① 胡乐乐. 教授为什么不愿给本科生上课[N]. 光明日报，2012-4-25(03).

和科研方面存在困难。①

莫克和张对香港大学的研究表明，由于资源的分配越来越多地由科研表现驱动，不仅使香港甚至是整个亚洲和全球高校都陷入了教学和科研的矛盾之中。教学和科研之间的矛盾对于排名低的教学型大学更为突出，此类高校在竞争科研经费时缺少竞争力，所以可能会为了获得更好的国际排名而重视科研，打破教学与科研间的平衡，这种做法必定会导致原有的教学质量的下降。对排名的重视导致科研与教学的冲突主要体现在教师工作时间和角色的平衡上。教师在固有的时间内是注重保证学生的教学满意度还是学术论文的撰写呢？迪尔认为排名造成的对科研日益增加的重视会鼓励更多教师的利己主义行为，从而带来教学质量或教学水平的下降。

案例 8－3　全球排名、科研评估如何影响大学②

——中国内地、中国香港、日本和美国的案例比较

运用目的性抽样策略，课题组确定了中国内地（TCU）、中国香港（THKU）、日本（TJU）和美国（TUSU）四种不同环境下的研究型大学为案例，进行量性和质性数据采集，其中质性数据以访谈为主。通过多个案例的国际比较，来观察全球排名和科研评估给大学带来的影响，以及对不同大学的不同影响。

科研 GDP？

四所案例大学都对科研极为重视。大多数被访谈者认同科研是大学特别是研究型大学的核心使命。几乎所有的被访谈者都谈到他们各自的大学在很大程度上都被这个核心使命所驱动。例如，中国内地案例中的王教授（化名）最近从高等教育研究所的所长位置退休，但是仍然作为学校的荣

① WALPOLE M. Is the Tail Wagging the Dog? "Business Week" Rankings and Business School Faculty[C]. Montreal: [s. n.], 1999.

② 李军. 全球排名和科研评估使大学深处危机[N]. 光明日报, 2016－08－23(13).

休教授在继续工作。作为高等教育的资深科研人员，他认为“大学应该遵循自身的本质特点……是研究和探索真理的地方”。与教学和服务社会相比，他坚持认为研究是大学的第一要务。其他三个案例的资深教授也毫无例外地持有类似的观点，把科研看作是全球化时代大学使命中的第一要务。这一认识反映了大学对科研成果 GDP 的过高期待，这些期待导致了大学机构的科研化现象。

虽然本研究的参与者都谈到了科研 GDP 在他们各自大学中的重要性，但这四个大学系统的制度环境并不相同。例如，中国内地案例的被访谈者认为科研不仅仅是他们院校的使命，还是社会发展和全球化进程中国家竞争力的体现。日本的案例也展示出这种无论是国内还是国际对科研 GDP 的竞争心态。中国香港的案例同样表明，科研有助于提高大学的全球地位，以及香港转型为亚太地区甚至国际性的高教枢纽。

然而，美国的案例却给出了非常不同的答案。美国学者普遍认为，科研只是大学和学者分内的工作，跟社会乃至国家的发展并无直接的关联。换句话说，美国学者质疑“科研就是一切”的偏激式做法。

课堂教学质量在下降。随着教师工作重点的转移，加之学生人数的增长，高校教师数量、质量和工作投入都难以满足当前教学的需要。有的学校对科研型教师减少教学工作量，更导致了教学质量下降的危机。有的教师每天疲于上课，据统计，教师一周上课超过 30 节，其精力投入可想而知，是难以有效保障高质量教学的。课堂教学质量不高，学生认为从中得不到教益，大学生逃课现象越来越严重，由此形成大学本科教学的循环危机。①

① 谢华. 大学教学边缘化的表现形式、成因及其破解路径[J]. 教育评论，2014(2)：94－96.

二、 忽视学生培养和成长的过程

高校在人才培养过程中，应当高度重视学生成长，在资源配置上满足人才培养所需，在管理上以学生发展为中心。但是，现有世界大学排名缺乏对人才培养的深度解析。

其一，学校在思想上不重视学生培养。从案例8－3中可以看到，学校教师认为科研才是学校的核心使命，与教学和社会服务相比，研究是大学的第一要务。上述观点反映出学校及教师对教学工作的轻视，学校的教授们被吸引到那些能促进名望、经费、职称和职位等提升的活动中，导致教学和科研工作的失衡，挤缩了投入教学的时间和指导学生的精力。院校在分配工作任务时，也会考虑给更多科研产出的教师减少教学工作量。

其二，学校在教学资源配置上忽视学生学习体验。排名会在一定程度上对课程设置、教学内容、学生的课堂体验和学习心态产生不利影响，且导致对低排名高校学生的不公平，损害学生在校学习经历。例如，一些学校为了提高“班级人数”的指标，采取不合作开设课程的方式，由此减少了学生跨校修读的机会。美国15所距离较近的高校曾联合建立了一个经典课程联盟。在此之前，每一所高校同一个院系都只有3—4名教师，一些教师将大部分时间和精力都集中于几门经典必修课程的教学，没有更多的精力开设更多的选修课程。联盟建立后，一位教师可以同时给联盟内所有高校的学生提供课程，这样可以节省原先需要开设同样课程的教师的时间，使他们有更多的机会开设其他选修课，扩大学生选修课程的范围。但是，U. S. News排名中“小于20人班级规模的比例”的指标阻碍了联盟内高校在课程方面的合作，最终学生可选的课程范围没有得到扩大，学生的课程质量也没有得到本应得到的提升。①

其三，学校管理部门缺乏对学生的关照。一位负责就业指导工作的美国高校管理人员曾抱怨学校对排名数据统计和提交的过分重视导致他们减少了在学校求职咨询工作上的时间："我的工作最好的一面就是在帮助别人的时候，这也是我以及很多同行选择这份工作的原因。帮助学生弄清自己到底想做什么、最终获得一份理想的工作是这份工作最有成就感的部分。但是现在我们变得越来越忙于统计数据，我们花费在统计上的时间和精力越多，为学生服务的时间就越少"。②

第三节　助长淡化办学特色

世界各国大学因其特定文化传统差异而各有区别。大学办学特色是在一定的办学思想指导下，经过长期的办学实践逐步形成的比较持久稳定的发展方式和被社会公认的、独特的、优良的办学特征。③ 大学办学特色可以彰显一所大学的个性，展现大学的独特之处，为大学确立发展目标和方向。世界各国的高等教育系统，都体现出特色化的办学特征。高等教育的发展必须与社会经济发展相适应，为社会输送不同层次、不同类型的人才，因此每一所高校都应根据高等教育分类，找准自己的位置，明确自己

① STAKE J E. The Interplay Between Law School Rankings, Reputations, and Resource Allocation: Ways Rankings Mislead[J]. Indiana Law Journal, 2006, 81(1), 229 – 270.

② ESPELAND W N, SAUDER M. Rankings and Reactivity: How Public Measures Recreate Social Worlds[J]. American Journal of Sociology, 2007, 113(1): 1 – 40.

③ 李化树. 论大学办学特色[J]. 清华大学教育研究, 2006, 27(2): 80 – 88.

的发展方向和发展战略，突出自身发展特色，为社会培养高素质的人才。①

大学是一个复杂的系统，而世界大学排名则把多样化的大学系统简单线性化了。一方面，四大世界大学排行榜在进行排名时，或者对大学的分类过于粗糙，或者没有对高校进行分类②；另一方面，世界大学排名只测评基础研究，没有呈现多样的科研成果形式。于是，在缺乏分类的世界大学排名的引导下，大学特色建设得不到鼓励，大学特色建设的资源得不到保障，大学特色建设得不到尊重，由此增加了大学淡化办学特色的风险。

一、 大学特色建设得不到鼓励

排名对于科研的偏好无疑强化了当前大学趋同的世界性趋势，使得原本存在的、适应不同社会需求的、不同类型的院校向综合型大学靠拢，大学在纵向上被人为地膨胀了，与此同时掩盖了高等学校在横向上的差别③。在大学排名影响下，大学特色建设在实践中被政府、高校所忽视。

一方面，综合性大学设置过多过快。不知道什么时候就形成了一种观念，认为综合性大学才是高水平大学。自 21 世纪以来，我国综合性院校设置较多，据统计，2007 年的综合性院校有 522 所，比 1999 年增加 448 所。近年来，部分国内学校“从行业领先到综合性大学”的办学思路深得其他学校的认可和推崇。法国也在世界大学排名的“鼓励”下，加快了高等教育综合化进程，建立高等教育联合大学。事实上，单科性院校转向综合性高校的调整前提是要求适应社会发展趋势的需要，但过多、过快地发展综

① 潘懋元，董立平. 关于高等学校分类、定位、特色发展的探讨[J]. 职教论坛，2009(13)：42.

② 邹义欢，王绯烨. 大学排名：功能及其局限[J]. 大学(研究与评价)，2008(10)：75 - 78.

③ 王英杰. 大学排行：问题与对策[J]. 比较教育研究，2008(10)：1 - 5.

合性院校尤其是过多增加地方性综合院校，不利于高校为地方发展培养有质量、有特色、多规格的专门人才。①

另一方面，过分强调世界一流大学的建设。类似于全球竞争下的经济排名，世界大学排名成为高等教育全球竞争的一个体现，“世界一流大学”频繁出现在政府制定的教育政策、高等教育论坛和高等院校发展报告中。②过分强调世界一流大学建设，可能会削弱国家科研体系对区域经济发展和技术创新的服务能力。因为，地方或区域大学，特别是一些行业特色大学，在区域创新系统建构和区域经济发展中起着不可替代的作用③。

二、 大学特色建设的资源得不到保证

大学特色建设要求有充足而稳定的资金、人才等资源，具有特色的学校会受到来自市场以及科技等因素的影响，要求学校适应时代特征，不断与时俱进，提高特色专业的适应能力。但是，在世界大学排名的综合性、短期性等特征的导向下，特色学校建设得不到政府和社会的认可，由此影响了学校的战略发展规划，将有限的精力分配到有助于提升排名的学科领域，使得原有的特色建设所需资源得不到保证。

其一，特色学校的招生危机更加严峻。受到高等教育规模扩大、适龄人口减少以及社会需求等因素影响，很多以农业、煤炭类等为特色的高校面临生源不足问题。在世界大学排名影响下，这部分学校面临生存危机，于是很多学校开始追求学科专业的大而全，盲目进行专业设置，而不是反

① 陈国良，董业军，王秀军．我国高等教育布局结构面临的挑战及对策建议[J]．复旦教育论坛，2011，9(3)：49－54.

② 邱均平，董西露．五种世界大学排行榜比较研究[J]．上海教育评估研究，2017(3)：1－6.

③ 武学超．世界大学排名科研测评的影响与缺失[J]．中国高教研究，2010(3)：43－46.

思如何通过提高学校的教学质量，形成“人无我有、人有我优”的特色专业，加强学校内涵建设。

其二，专门类院校快速增设新的学科门类。2007 年，我国 143 所师范本科院校中有 92 所设置了 8 个以上的学科门类，而 2000 年时仅有 6 所师范本科院校设置了 8 个以上的学科门类；与此同时，2007 年，41 所农业本科院校中有 20 所设置了 8 个以上的学科门类，而 2000 年没有农业本科院校设置 8 个以上的学科门类。近年来，这一趋势还在进一步扩大。增设学科和专业，虽然有利于跨学科融合，但是在没有合理规划而盲目跟风的情况下大量增设，容易导致专业覆盖面过宽，难以集中有限精力来形成学科竞争力并将学科办出特色。①

其三，增量办学资金常流向新增学科专业。哈泽尔科恩（Hazelkorn）指出，“世界一流大学每年运营额达到 1—1.5 亿美元，在这场‘学术军备竞赛’中需要许多高校将其总体资金增加至少 40%”②。但是这些增量资金并不能保证特色专业的发展。近年来，很多具有工科等学科优势的名校，通过合并、合作、新设等方式，筹备组建医学院，以此“健全学校的学科体系”。高校在筹建新学科专业的同时，需要消耗大量的人力、物力和财力，难以避免地会减少对学校其他学科的资源供给。

三、 大学特色建设得不到尊重

在现有的大学排名体系中，很多具有学科特色的大学是无法出现在现

① 陈国良，董业军，王秀军. 我国高等教育布局结构面临的挑战及对策建议[J]. 复旦教育论坛，2011，9(3)：49－54.

② HAZELKORN E. The Impact of League Tables and Ranking Systems on Higher Education Decision Making[J]. Higher Education Management and Policy, 2007, 19(2): 81－105.

有的排名体系中的，而且多样态的科研成果并没有在排名中得到体现：

一方面，没有尊重小而精的特色大学。国际性的排行榜通常是以院校为比较单位，对院校类型不作区分。尽管有些国内排行榜按照高校的类型进行排名，但是也有人认为，对使命不同、资源状况不同的院校进行排名是存在缺陷的，也是不负责任的做法。目前主要的世界大学排行榜都是以研究型大学作为评价标准，但并不是所有的学校都是以研究型大学作为办学方向的，这就导致一些规模较小的高校和非研究型高校在有关科研和声誉的指标上不可能得高分。① 在世界大学排名的压力下，很多排名不高的国家感受到了危机。法国一直以来倡导教育资源平等，各个学校有自己的特色学科优势，其精英教育体系以小而精闻名。在历史上，法国高校不追求大而全，而是强调师生比例合理、实践实习以及就业发展。所以在以大而全为导向的世界大学综合排名中屡屡败北。在重重压力下，巴黎高等师范学院、巴黎第九大学等高校在 2010 年联合组成巴黎文理研究大学，旨在提高法国高校在国际排名中的位置。②

另一方面，非论文形式的科研成果没有体现。科学研究可以分为基础研究和应用研究。在传统上，基础研究的主要表现形式是科技论文，而应用型基础研究及应用研究和强调创新的技术开发等科研成果的表现形式实际上是多种多样的，目前，专利、生物材料等非论文形式的科研成果所占各大学科研成果的份额不断增加，但是这些成果无疑被当前的排行榜所忽略了。③

---

① 萨尔米，萨拉杨，王利兵，等. 作为政策工具的大学排行榜[J]. 教育研究，2010(1)：59 – 68.

② 环球网留学. 全球高校排名法国成绩惨淡 大学合并博出位困难重重[EB/OL]. (2018 – 09 – 17)[2018 – 11 – 06]. https://baijiahao.baidu.com/s? id = 1611814426602282518&wfr = spider&for = pc.

③ 武学超. 世界大学排名科研测评的影响与缺失[J]. 中国高教研究，2010(3)：43 – 46.

实际上，对一所大学的考察，应当从多个维度进行，而不是仅通过简单地挤压成几个数字形成的榜单。现有的大学榜单中，普遍是清一色的科研导向，看不到不同类型大学的特色，简单化的榜单极易对公众产生误导。北京大学原校长许智宏曾说："大学排名像是悬在中国大学校长头上的一把剑，很多校长为了得到体面的排名，导致我国很多大学没有了特色。"上海交通大学刘念才教授也指出，单纯对排名位置的追求，不利于大学多样化发展。①

第四节　助长大学盲目扩张

高等教育的规模和结构受到教育内外部因素的影响。高等教育规模和结构受到地方的经济、人口、科技和城市化等因素的影响，要求高等教育系统在遵循教育发展规律的情况下，适应国家和地方经济社会的发展水平，并根据人口、经济、政治、科学技术水平等要素不断调整。世界大学排名本身没有反映出经济社会的需求，部分排行榜的指标是按院校的绝对量计算的，这容易导致大学热衷于扩大规模体量、片面追求研究生招生规模，而无视与社会的适应程度。

一、 大学热衷于扩大规模体量

由于大学规模增大，可以提高部分与学校规模有关的排名指标成绩，

① 刘尧. 平心静气地看待大学排行榜[J]. 上海教育评估研究，2014(2)：32-36.

所以许多国家政府采取合并和联合大学体系的方式进行高等教育改革，但是这种忽视社会经济发展需要的扩张方式并没有对学科发展产生积极影响，反而容易产生资源浪费。正如标题所言，大学热衷扩大规模体量，且突出表现在以下两方面：

一方面，高校热衷于合并。在 ARWU 排名的影响下，2004 年英国曼彻斯特维多利亚大学与曼彻斯特科技大学合并成为曼彻斯特大学，但是，两校合并造成了教师重复或失业，损耗了科研经费、办学经费，合并两年后学校便面临巨大的财政赤字①。同样在这一时期，法国政府采取了建立高等教育研究集群或联合大学的方式对原有大学进行整合，期望改变以往规模小、专门化的发展方式，并要求这些成员机构的教师和研究人员发表的文章要加上研究集群/联合大学的名字。但是，这一整合是否对学术成果的实际增长产生积极作用还是令人质疑的。② 在澳大利亚，政府推出资助大型大学的政策，也有许多大学在此排名的推动下进行了合并。然而大学合并产生的首要效益仅仅是推动大学在国际排名上的升级③。但实际上，这些大学自身的学术水平并没有得到实质性提升或改变，反而因为重组不适而造成资源浪费。

另一方面，高校热衷于扩建医学院。由于医学学科的科研数据量大，在排名中具有较大优势，所以在国内兴起了高校组建医学院之风。据统计，我国 42 所一流大学建设高校中已有超过 30 所建立或正在筹建医学院。医学院的成立可以带来科研经费的快速增长、学科实力和学术影响力的快

---

① GEORGHIOU L. Strategy to Join the Elite: Merger and the 2015 Agenda at the University of Manchester - An Update[M]//CURAJ A, GEORGHIOU L, HARPER J C, et al. Mergers and Alliances in Higher Education. Cham: Springer, 2015: 205 -220.

② 胡娟. 什么是“伟大”的大学[N]. 光明日报, 2016 -09 -20(13).

③ 伍德豪斯, 丁丽军. 提高教育质量认识　消除大学排名不良影响[J]. 现代大学教育, 2008(6): 49 -54.

速提升，也极大地提高了高校的社会声誉①。但是，高校学科专业设置常带有领导者的主观偏好，容易造成低水平的重复投入和资源使用的低效率②。有些学校和医学院合并以后，医学院的发展经费反而减少了，加之管理方式不佳，导致医学院的发展受到限制。为提高和改进医学教育，教育部、卫生部于2009年发布《关于加强医学教育工作提高医学教育质量的若干意见》，提出“学校要加大医学教育的教学经费投入，切实把教学工作作为经费投入的重点，特别要加大实践教学专项经费投入”。2017年，国务院办公厅发布《关于深化医教协同进一步推进医学教育改革与发展的意见》，提出要“遵循医学教育规律，完善大学、医学院（部）、附属医院医学教育管理运行机制，保障医学教育的完整性”。

二、 片面追求扩大研究生招生规模

在世界大学排名中，研究生与本科生的“含金量”也是存在差异的。一方面，部分排行榜重视学校的研究生规模，例如THE的教学指标包括“博士学位授予数”“博士学位与学士学位授予比例”等，研究生尤其是博士研究生数量直接影响学校在该指标的得分；另一方面，研究生具有提高学校科研产出的潜能，研究生培养具有科研导向，要求将研究生培养与科学研究工作紧密结合，保证研究生能够在科学研究中学习、在科学研究中创新。

由于经济社会的发展，人们对高层次教育的需求更加旺盛，加之受到

---

① 青塔网. 终于,哈工大也有“医学院”了! [EB/OL]. (2018-11-08)[2018-11-08]. http://www.sohu.com/a/274100304_232611.

② 田贤鹏. 高校学科专业动态调整中的市场调节失灵及其矫正[J]. 教育发展研究, 2017(21): 16-23.

高校发展、劳动力市场供需的影响，我国的研究生招生规模从21世纪初开始就呈递增态势。在这期间，由于研究生扩招与研究设备等资源不相适应，研究生的培养质量得不到保证。尽管2008年教育部表示要放慢扩招速度，避免过于急躁，但随着2009年专业学位研究生的扩招，研究生扩招再次迎来契机。①

世界大学排名对于研究生教育的重视，与此不谋而合，助长了高校片面追求研究生数量规模而忽视质量的行为。为了取得竞争优势，一些国家的大学在建设世界一流研究型大学政策的鼓动下，通过专项投资扩建研究院和研究生院②，认为只有提高研究生规模，才是提高学校水平的表现。但是这些措施可能并不是必要的，反而有可能对一所大学的特色甚至整个学术系统产生损害。在我国，根据教育部网站公布的2011—2014年全国研究生招生计划的通知发现，我国研究生招生总规模从2011年的560 495人，一直扩大到2014年的631 020人，2014年比2011年增加了12.6%。③学校盲目扩招研究生，会导致其对本科教育的忽视，在高校超出其资源承受能力的情况下，不利于提升学生的培养质量。

第五节　助长不道德竞争

大学发展需要具备良好的合作关系，以更好地实现自身发展和满足社

① 周易. 招生规模3年增加12.6% 研究生盲目扩招质量难保证[N]. 中国青年报，2014-11-27(07).

② 刘理，蒋凯. 全球大学排名：高等教育作为一个市场[J]. 大学教育科学，2012(6)：107-112.

③ 周易. 招生规模3年增加12.6% 研究生盲目扩招质量难保证[N]. 中国青年报，2014-11-27(07).

会需求。但是，商业化的排名机构所具有的营利动机容易产生交易行为，不同利益群体的博弈容易造成集体非理性，由此形成诸多不道德行为，包括伪造排名指标数据、不正当公关等。

一、 伪造排名指标数据

世界大学排名的指标导向、科研导向对高校的影响深远。在排名缺乏完善的监管体系这一背景下，目前的排名基本上是由排名机构主导，通过邀请小部分专家学者参与的方式进行评分，缺乏对过程的完善监管和审计，易产生违反排名公正性的伪造排行指标、论文引用联盟等行为。由排名助推的高校科研压力进一步传导至大学教师，产生诸如篡改科研数据等浮躁作假行为。

（一）伪造排行榜的指标

大学排名催生了大学的隐蔽性造假行为。一些名校给排名机构提供篡改过的数据。几所美国大学承认，他们故意通过修改数据、影响声誉调查或向 U. S. News 提供不正确的数据来改变其在排名中的地位，其中包括美国的克莱姆森大学、南加州大学、克莱蒙特麦肯纳学院、东北大学等。①

克莱姆森大学（Clemson University）研究机构办公室原主任揭露了其一心追求成为排名前 20 名公立研究型大学目标而做出的“篡改行为”，例

① SHAW J S. Claremont McKenna Not Alone in Admissions Mischief[EB/OL].（2012 –01 –31）[2018 –11 –08]. https://www.bloomberg.com/view/articles/2012 –02 –01/claremont –mckenna –not –alone –in –rankings –mischief –commentary –by –jane –shaw. O’Melveny and Myers LLP. Investigative Report Prepared on behalf of The Board of Trustees of Claremont McKenna College[R/OL].（2012 –04 –17）[2018 –11 –08]. http://c334272.r72.cf1.rackcdn.com/Investigative_Report.pdf.

如伪造了班级规模和教职工工资，帮助克莱姆森大学在 U. S. News 中的排名获得大幅提升，也经常给其他院校的“声誉”调查问卷打更低的分数，以使本校看起来相对更好。①

另据媒体报道，至少从 2010 年开始，埃默里大学（Emory University）向U. S. News提供录取学生的平均 SAT/ACT 数据，而非实际入学学生的考试成绩，并夸大了入学新生中以各自高中前 10% 成绩毕业的学生人数。在造假行为暴露后，该校招生办主任引咎辞职。②

有部分学校则捏造了几乎所有的数据。2011 年，位于纽约的爱纳学院（Iona College）承认，其学校教师捏造了考试成绩、录取率和毕业率、新生保留率、师生比和校友捐赠额等数据，这一谎言促使该学校在美国东北地区大学排名中获得 20 名的位次提升。③

有高校向排名机构提供与提交给国家教育部门不符的数据。例如，斯坦福大学向美国联邦教育部提供的数据中全职教师数为 54%，而向 U. S. News 提供的数据为 99%；宾夕法尼亚大学向联邦政府提供的全职教授的数据是 52%，而向 U. S. News 提供的数据是 86%。近年来，也有媒体曝光香港的几所大学上报 QS 的数据与上报香港教育资助委员会的数据存在差距。

部分高校提交数据的填写者不符合要求。2017 年，韩国中央大学在“毕业生口碑调查”项目上进行造假，原本需要由毕业生所就职企业负责

① LEDERMAN D. Rankings Rancor at Clemson[EB/OL]. (2009-06-04)[2018-11-08]. http://www.insidehighered.com/news/2009/06/04/Clemson.

② SUPIANO B. “U. S. News” Removes 2 More Colleges from Its Rankings[N]. The Chronicle of Higher Education, 2013-05-14.

③ 奥尼尔. 算法霸权：数学杀伤性武器的威胁[M]. 马青玲，译. 北京：中信出版集团，2018.

人填写的评价直接被该校教职人员填写，并提交给 QS①。事件发生后，QS 将韩国中央大学在当年的世界大学排名中除名。而中央大学则表示会对涉事员工进行处分，还表示第二年会再向 QS 挑战。也有报道称，科克大学学院校长为鼓励教师联系学术同行参加 QS 声誉调查，发送邮件给学校教师，并附“给学术同行的邮件模版”，从邮件里可以看到，这一举措的唯一目的是提高学校排名。

高校应对大学排名所采取的行为，折射出高校群体的不安和盲目，如若不加以理性对待，在世界大学排名所及之处，高校将采用更多的欺骗行为。

（二）论文引用联盟

由于引用率也是世界大学排名的考量指标，操纵引用率也成为大学和科研人员为提高排名所采取的行动，他们通常以联盟的形式提高团体的引用率数据。引用率作为世界大学排名体系的指标之一，引导很多学校、教师把时间精力放在引用率的提高上，其采取的做法有：虚假自引、同事间“互引”以及通过人才“假引进”提高论文发表等②。

日本学者金子元久指出，尽管日本的论文发文量有很大提升，但是在与美国等国家比较引用率时，经常是落后的，其中一方面的原因是美国的研究者已经形成了一个包括留学生等在内的巨大学术网络，在网络内部的研究者发表的论文较易频繁地互相引用③，美国研究人员倾向于引用美国

---

① 韩国中央大学材料造假从 QS 大学排行中除名，学生集体抗议[EB/OL].（2017-06-15）[2018-11-08]. https://www.sohu.com/a/149255744_648965.

② 中华教育网. 熊丙奇：高校排名大幅提高为何仍不获认同[EB/OL].（2014-01-21）[2018-11-08]. http://www.edu-gov.cn/news/580.html.

③ 金子元久，窦心浩. 大学如何应对大学排行榜[J]. 大学（研究与评价），2009（Z1）：5-7.

本土刊物发表的论文①。其他区域的研究者很难进入这一网络，论文也很少被引用，这在一定程度上使得处于世界学术中心网络的学者论文引用率偏高，而其他学者及其研究成果则容易被忽视②。从国内的视角看，相互引用的行为很容易发生在团队成员间、有裙带关系的学者间以及有学术人脉关系的学者间。

在大学高度关注引用率的驱动下，越来越多的学术期刊重视引用率和影响因子。为提高期刊引用率，期刊之间达成“默契”的互引协议，通过联盟期刊间的互引策略，人为操纵引用频次，偏离了设置影响因子的初衷。产生的连锁反应是，很多学者在提交论文时会寻找具有高影响因子的期刊，由此使得互引联盟得到进一步巩固。有研究者梳理了人为抬高引用率的方法，包括六种（见案例 8－4）：

案例 8－4　操纵引用率③

方法一：作者间形成默契的相互引用

施一公院士今年三月在两会上表示：文章数量、论文引用率、杂志影响因子都可以人为地提高；各个学校、单位都办了杂志，想要提高影响因子，互相引用就可以，引用多了，影响因子自然也就高了。

另外，相互引用还可以发生在一个团队的成员间、有学术裙带关系的学者间以及有学术人脉关系的学者间。

方法二：期刊编辑的要求

当作者在某期刊发表论文时，该期刊的编辑（或编辑委员会声明）会要求作者在欲发表论文中引用该期刊以前刊登过的同类或相关论文，无论

① Marginson S，VAN DER WENDE M. To Rank or to be Ranked：The Impact of Global Rankings in Higher Education[J]. Journal of Studies in International Education，2007，11(3－4)：306－329.

② 张优良. 世界大学排行榜的特征与高校应对策略[J]. 教育探索，2015(8)：55－59.

③ 苏盛辉. 简单的逻辑被忽略，论文引用率高被误解为论文水平高[EB/OL]. (2018－10－26)[2018－11－08]. http://bbs1. people. com. cn/post/71/1/2/169622941. html.

它们是否实质上有提示或引导作用。

方法三：审稿专家的要求

审稿专家有时会在审稿意见中要求作者引用某篇已发表过的文章，无论该文章对被审文章是否有实质上的提示或引导作用。

方法四：自我引用或自我学生引用

如果是原创性的和系统性的研究，自我引用或自我学生引用并非不可以，因为他们是在做开拓性的工作。

然而，一些既非原创性研究也非系统性研究的论文做过多的自我引用或自我学生引用，就不合适了。由此也不难看出，如果一个人担任导师的时间越长、所指导的学生越多，则其论文的引用率就可能越高，尽管许多引用是非实质性的引用。

方法五：权势效应，示好引用

如果一个人在学术圈或学术行政交叉圈越有权势或职务越高，则其论文的引用率就可能越高，尽管许多引用只是友好性的、象征性的引用。

方法六：名人效应，跟风研究

一位学者在发表某篇新论文前做出过正确成果、已经很有名气了，别的学者鉴于对其以前成果的认可，就对其新论文不分对错地加以盲目追捧和跟风研究，因而造成知名学者新论文的引用率高。

随着论文引用率的被抬高，相关期刊的影响因子也自然会被抬高。

由上述事实不难看出，论文引用率和期刊影响因子就像证券市场的股票价格一样，完全可以被人为操纵。

（三）篡改论文数据

具有创新性的论文产出需要科研工作者持续的精力投入。在科研考核压力下，可以看到论文产出数量在增加，但却缺少有影响力的研究成果，缺少有创造性和革新性的研究发现①，还产生了论文成果同质化的倾向②。更有甚者，科研人员会为了发表论文而伪造数据。有研究证实，过分强调发表数量的重要性“往往会降低论文论述的客观性”，最终“损毁科学实践的意义”③。近年来，国内外一些期刊相继出现论文撤稿事件，所撤稿件多数因为学术不端问题，引起极为不良的社会反响（见案例8-5）。

案例8-5

（一）

2017年4月20日，施普林格·自然出版集团发表声明，宣布撤回旗下《肿瘤生物学》期刊107篇发表于2012年至2015年的论文。这些论文全部来自中国作者，撤稿原因是同行评议造假。524名医生，119家高校和医院，这是涉及中国学者人数最多的一次集体撤稿。

早在2015年3月，英国现代生物出版集团宣布撤销旗下12种期刊的43篇论文，其中41篇来自中国。当年10月，爱思唯尔撤销旗下5本杂志中的9篇论文，全部来自中国。仅在2015年到2016年间，几大国际出版集团的4批集中撤稿中，涉及中国作者的论文就有117篇。其中，23篇标注得到了国家自然科学基金的资助，另有5篇被列入已获得资助的项目申请书。由此而被损害的学术公信力，已经到了必须受到重视的地步。

（二）

2017年4月，布里格姆妇女医院（统称BWH）同意支付1 000万美元，用于解决由皮罗耶·安维萨（Piero Anversa）博士运营的BWH干细胞

---

① ALVESSON M, SANDBERG J. Has Management Studies Lost Its Way? Ideas for More Imaginative and Innovative Research[J]. Journal of Management Studies, 2013, 50(1), 128 - 152.

② BOUCHIKHI H, KIMBERLY J R. “It's Difficult to Innovate”: The Death of the Tenured Professor and the Birth of the Knowledge Entrepreneur[J]. Human Relations, 2001,54(1), 77 - 84.

③ 田美，陆根书. 发表还是出局?：“Tenure-track”机制下青年教师发表国际学术期刊论文的压力[J]. 复旦教育论坛, 2016, 14(5): 14-20;34.

研究实验室引发的欺诈性指控，赔偿从国立卫生研究院（NIH）获得的项目资助。2018 年 10 月，据美国网站消息，哈佛医学院建议将哈佛医学院教授、再生医学研究中心原主任皮耶罗·安维萨博士的 31 篇论文从医学期刊上撤回，理由是这些论文涉嫌伪造和篡改实验数据。

哈佛大学表示，在确定了安维萨的 31 篇论文存在造假嫌疑后，已经通知所有相关期刊，但少数研究人员还在继续发表与安维萨相同的研究结果。“心脏中没有干细胞。不要再发布这些结果了。”哈佛大学如此劝告。

（三）

2018 年 10 月 24 日，中国青年报冰点周刊发表了一篇文章，题为《青年长江学者与她“404”的论文》，在学术界和舆论场上掀起了一场风暴。文章揭露的，是南京大学教授梁莹长期在网上删除自己的中文论著，涉嫌学术不端，以及在教学工作中敷衍怠慢的问题。

不过在过去几年里，她的这些学术成果陆续被从网上删除了：包括中国知网、万方、维普在内的主要学术期刊数据库中，现在都已检索不到任何她的中文论文。在那些期刊官网上，对应页码处也已无法查看。一家学术平台上仍能检索到论文条目，但页面已显示“404”（无法查看）。……记者比对论文发现，其中至少有 15 篇存在抄袭或一稿多投等学术不端问题。例如，梁莹 2002 年发表的论文《转变中的国家公务员制度——中西方公务员制度改革与发展趋势及其比较》，是厦门大学陈振明 2001 年的论文《转变中的国家公务员制度——中西方公务员制度改革与发展的趋势及其比较》的缩减版，只有极少数句子有说法上的差别。①

根据“撤稿观察（Retraction Watch）”数据库统计，从 20 世纪末开始，期刊的撤稿量不断增多，且学术不端行为占比越来越高。撤稿文章数量剧增的时间点，与世界大学排名的时间点不谋而合。从世界大学排名的指标权重以及学术分析中可以发现，世界大学排名所强调的科研导向，无疑强化了大学对教师的论文发表数量的考核，并催生出学术不端等一系列消极影响。

当然上述问题产生的原因是复杂的和多方面的，但大学排名带来的压力和焦虑无疑起了推波助澜的作用，有些则是主要元凶。

二、 大学的不正当公关

在国内外大学排名大行其道的背景下，大学领导普遍希望获得理想的排名成绩，这有利于在学生、家长中形成良好的口碑。

（一）大学与排名机构的“合谋”

在灵敏的市场机制下，有需求就会迅速产生供给。QS 本身为商业咨询

① 科学网. 107 篇论文撤稿事件……[EB/OL]. [2018 - 11 - 08]. http://news. sciencenet. cn/news/sub26. aspx? id = 2959. Department of Justice. U. S. Attorney ' s Office. Partners Healthcare and Brigham and Women ' s Hospital Agree to Pay $10 Million to Resolve Research Fraud Allegations[EB/OL]. (2017 - 04 - 27)[2018 - 11 - 08]. https://www. justice. gov/usao - ma/pr/partners - healthcare - and - brigham - and - women - s - hospital - agree - pay - 10 - million - resolve. 李青云. 知名教授被哈佛大学要求撤稿 31 篇 曾是发现心脏干细胞“第一人”[EB/OL]. (2018 - 10 - 16)[2018 - 11 - 08]. http://www. edushi. com/zixun/info/113 - 139 - n4561765. html. 杨鑫宇. “404 教授”梁莹被揭穿，然而是谁纵容了她[EB/OL]. (2018 - 10 - 25)[2018 - 11 - 08]. http://news. cyol. com/co/2018 - 10/25/content_17722514. htm. 王嘉兴. 青年长江学者与她“404”的论文[N]. 中国青年报,2018 - 10 - 24(10).

机构，为想要提高排名位置的大学提供咨询服务。提供咨询的机构是排名执行机构，机构会觉得有责任提高客户在排名中的位置。① 在美国东北大学的案例中，校长在想尽一切提高指标的办法后，最终将目标转向了U. S. News 排行的领导层，希望通过游说影响排名，进而提高排名结果。尽管在报道中并没有显示 U. S. News 在排名方法上做出有利于学校的举措，但是杂志耗费三个版面的宣传也着实为东北大学做了宣传，可以想见，这一行为提高了东北大学的影响力。无论如何，在下一年的排名结果中，它的排名确实提升了（见案例 8 –6）。

在世界大学排名的推动下，国内的大学排名机构不断滋长，营利公司向大学收取“赞助费”以帮助他们提高排名。2009 年，据央视等媒体报道，国内某排行榜在进行大学排名时，大肆收取高校的“咨询费”和“赞助费”。根据是否收费以及费用收取的额度，排名机构还会对高校排名结果进行相应优化，以使其排名得到跃升。为获取较高的名次，大学常邀请排名机构到学校座谈。在此基础之上，排名机构可以对指标体系和权重进行重新诠释，向处于“合作”联盟内的大学倾斜。据中青在线 2009 年报道，时任天津大学的校长曾被一家排行榜制作机构索要“赞助”。南开大学也接到过不少类似的来电及传真，明示或者暗示只要校方提供“赞助”就可以换取排名上升，但学校一概回绝。②

尽管有很多一流大学不愿意与排名机构合作，但是也有很多排名靠后的大学借这一机会提高排名，从而提高学校的知名度。通过这一利益链条，大学获得排名的上升，进而在该招生年度获得更好的招生资源，并产生接续反应，而排名机构则可以在此过程中营利。大学与排名机构的这一

① 滕珺，屈廖健. 反思高等教育排名　重塑世界学术格局：联合国教科文组织《高等教育排名与问责：善用与滥用》述评[J]. 比较教育研究，2014(7)：63 –68.

② 张国. 天津大学校长曝称曾拒交“排名赞助费”[N]. 中国青年报，2009 –3 –21.

“合谋”，使得大学排名成为有利可图的商业产品。针对排行的商业行为，有大学校长直接告诉学生：排名中也有一些是胡来的。①

案例 8-6 如何“玩转”大学排行②

1996 年，理查德·弗雷兰（Richard Freeland）刚接任东北大学时，该学校还是很多事情的受害者，其中最为显著的是联邦政府裁员，许多学校争先恐后削减预算开支。这些削减加上招生人数的减少，迫使东北大学前任校长杰克·库里（Jack Curry）削减预算，并在 20 世纪 90 年代初削减了 875 个工作岗位。

弗雷兰有一个计划，他认为如果东北大学可以证明其增加学生和家长的成本是合理的，那么它可以得到拯救。在库里校长的任期中，他为了给东北大学以一定改进，于是减小班级规模、限制招生、吸引波士顿以外的学生，创建了更加热情的校园并改进了学校设施。但是，从 U. S. News 的视角看，以上措施几乎没有作用。库里离任时，东北大学排名 162。

弗雷兰到任后，观察了学校如何获得高度评价的知名度和声望、更强有力的申请人、更多的校友捐赠，确定了新的准则——重新衡量学校获得排名上升。他指导学校研究人员解密 U. S. News，复制其公式，用图表进行阐释，弗雷兰把提高排名摆在了生死攸关的地位。

东北大学的人认为，闯入 U. S. News 前 100 名，比登月还难，但是弗雷兰决心尝试。他指出：“这是一个数学游戏并且非常有意思，每年我们可以说‘我们现在在这里，这是我们明年的目标’。”一点点地，高级工作人员在处理不同标准时，始终聚焦在 U. S. News 的方法上。弗雷兰增加了

---

① 张国. 天津大学校长曝称曾拒交“排名赞助费”[N]. 中国青年报，2009-3-21.

② KUTNER M. How to Game the College Rankings[EB/OL].(2014-08-26)[2018-11-08]. https://www.bostonmagazine.com/news/2014/08/26/how-northeastern-gamed-the-college-rankings/.

员工，减少班级规模，U. S. News 要求班级规模控制在 20 人，东北大学确保每个班级人数在 19 人。

2003 年，东北大学排名 127。学校在这一年开始采用在线通用申请（Online Common Application），使其更便于学生申请，随着大学可以争取到更多学生、更多学生可以离开，这就增加了学校的选择性。一年后，学校排名 120。由于研究表明，学生生活在校园内可以提高注册率，因此学校投入大量资金建设校园。

在 U. S. News 排名的指标中，有一项是难以通过公式计算的方式改变的，即同行评估。弗雷兰猜测，如果在东北大学之前有大约 100 所大学，如果每所学校有三个人填写评估，他和他的团队将不得不影响大约 300 人。于是，学校计划影响每一个人，“到达的每个城市，参加的每个会议，我都会预约位于国家排行榜中的大学校长，与他们建立联系”。

在弗雷兰的前八年任期中，东北大学排名提升了 42 个位次，但是排名前 100 始终是他的最终目标。为进入前 100 名，他需要了解更多 U. S. News 排名方法的信息，需要与其合谋。弗雷兰提出 U. S. News 如何处理学生参加合作项目的问题，合作项目是东北大学的重要课程基础，帮助学生获得职业经验，是该校的强项。但是通过将合作学生作为录取率数据，降低了 U. S. News 的“财政资源”标准，从而损害了东北大学的排名。U. S. News 最初没有改变它们的排名方法来帮助东北大学进步，但是莫斯（Morse）主编帮助弗雷兰更好地理解了指标标准。下一年度，东北大学排名提升到 115 名，U. S. News 用三页篇幅称颂东北大学的合作项目。杂志不会报道其是否改变了排名方法，东北大学在报告中也不再介绍合作学生项目。

弗雷兰退休后的 2006 年，U. S. News 排名公布，东北大学突破前 100 名，位列 98 名。

（二）大学向同行的公关

大学除了选择与排名机构的合谋外，还利用排名的声誉指标由同行专家、雇主评议，向上述群体公关。一是推荐更多对本校友好的学术专家参与同行评议，英国科克大学校长曾向学校教师发送邮件，要求他们邀请学术同行参加 QS 声誉调查（见案例 8－7）。二是推荐更多雇佣本校毕业生的雇主代表参与雇主评价，并请他们给予较高的分数。三是邀请毕业生在校友声誉调查中给学校填写高分。

案例 8－7　科克大学学院校长为鼓励教师联系学术同行参加 QS 声誉调查邮件全文①

亲爱的同事们：

如您所知，排名名次对于一所大学在世界上的地位是非常重要的。仅去年就有大约 20 亿人浏览了 QS 世界大学排名，600 多家媒体报道了 QS 排名结果。

在办学经费受到限制的当下，科克大学学院在世界大学排名中取得的名次能够对拨款机构、政府以及其他合作伙伴的看法产生很大影响，从而进一步影响我校师生的正常学习和工作。寻求排名名次的最大化对我们来说是非常重要的，为此我写下这封信请求您的帮助。

在过去的几年中，科克大学的排名一直在上升，但在声誉调查这一关键指标中，我们却一直处于劣势地位。作为排名方法的一部分，QS 世界大学排名通过对世界范围内的学者进行电子问卷调查来衡量一所大学的声誉，这一指标在整个 QS 排名中占 40% 的权重。2012 年，全球大约46 000 名学者参与了 QS 声誉调查。对于科克大学学院来说，提高声誉调查的得分是我们保持和提升名次的最好选择。

---

① 苗耘，刘念才. 大学排名的应用行为研究及其价值取向反思[M]. 上海：上海交通大学出版社，2017：161－163.

为提升科克大学学院的形象，我请求所有的学术人员联系三位非科克大学学院的国际同行，请他们注册 QS 账户并填写声誉调查问卷。保证您所联系的同行认识到提升世界排名对于科克大学学院的重要性，并于 2013 年 4 月 12 日之前完成调查问卷。

为帮助大家完成这项任务，在这封信后我附了一封联系学术同行的邮件模板供您参考。

感谢您的参与和帮助！

迈克尔·墨菲博士

校长

给学术同行的邮件模板

亲爱的××：

如您所知，世界上有许多大学排名，名次对于世界对一所大学的认知和国际地位是非常重要的。像所有大学一样，科克大学学院也在寻求提高我们的名次，我们认为名次的提高能够给我们的员工和学生带来有利的影响，同样也能为我们的教学和研究合作伙伴带来益处。

学术声誉调查是大学排名评价的重要指标，QS 世界大学排名在所有指标中赋予声誉调查最重要的权重。如果您能考虑注册 QS 并完成声誉调查问卷，我将不胜感激。注册之后，QS 将要求您完成一个 5—10 分钟左右的小问卷。该调查必须在 2013 年 4 月 12 日以前完成。

非常感谢。

第六节　助长西方文化中心

扎根本土办大学是高校发展的必然要求。每个国家都有自身独特的历史、独特的文化、独特的国情，这就决定了各个国家的高等教育发展需要适应本国的历史、文化和国情。我们应当在本民族文化的土壤里培育自己的高等教育系统，使之具备独特的理念与行动，坚持本土特征，可以促进世界文化丰富多样。① 现有的世界大学排名在期刊来源、语言、排名结果上都具有明显的西方中心导向，由此导致英文期刊受到热捧、科研成果外流、科研经费外流、学术话语权削弱、对西方学者过于推崇。

一、 导致英文期刊受到热捧

当前，英文期刊深得我国大学和科研机构的认可和青睐。从发展形势上看，我国学者在英文期刊发表的论文数量近几年有很大提升。科学网(Web of Science)② 数据库统计显示，2007—2016 年中国学者所发表的自然科学国际论文的数量逐年增加，绝对数量从 2007 年的 92 920 篇增加到 2016 年的 321 266 篇，增加了 3. 46 倍，在 SCIE 国际论文中所占的比例也

① 臧玲玲. 我国高等教育本土化研究述评[J]. 现代教育管理，2013(3)：12 - 15.

② 科学网是国际上具有广泛影响的检索工具，主要收录自然科学基础学科、人文社会科学与艺术领域的 256 个学科的 12 000 多种高影响力学术期刊论文，其中 Science Citation Index Expanded (SCI - EXPANDED，科学引文索引扩展版)收录国际范围内自然科学基础学科领域大约 9 000 种学术期刊的文章。

从6.83%上升到17.22%（见表8－1）。

表8－1　2007—2016年科学网收录中国学者的论文数量与比例

年份	SCI论文总数量/篇	SCI收录中国学者的英文论文数量/篇	中国学者英文论文在SCI中所占比例/%	SCI收录中国学者的中文论文数量/篇	中英文论文数量之比
2016	1 865 290	321 266	17.22	9 396	34.19:1
2015	1 836 876	294 017	16.00	5 631	52.21:1
2014	1 816 367	263 583	14.51	5 805	45.41:1
2013	1 769 600	228 386	12.90	6 841	33.38:1
2012	1 678 974	190 561	11.35	7 124	26.75:1
2011	1 595 579	164 563	10.31	7 137	23.06:1
2010	1 515 655	141 159	9.31	7 023	20.10:1
2009	1 480 149	125 630	8.49	7 655	16.41:1
2008	1 411 843	108 938	7.72	7 127	15.28:1
2007	1 360 700	92 920	6.83	7 396	12.56:1

工程技术索引（EI）① 数据库显示（如表8－2），近10年中国学者所发表的工程技术与应用学科领域的英文论文的数量在逐年增长，从2007年的87 872篇，增加到2016年的234 301篇；中文文章数量没有明显的增长，中、英文文章数量之比虽然没有SCI文章悬殊之大，但英文文章的数量也占绝对优势。②

① EI(The Engineering Index)是工程技术领域的著名检索工具,有很强的应用背景。被EI收录的论文数据通常能反映一个国家工程技术与应用科学的发展水平。

② 刘彩娥. 把论文写在祖国大地上：国内科研论文外流现象分析[J]. 北京工业大学学报(社会科学版)，2018(2)：64－72.

表 8-2　2007—2016 年中国学者发表的论文被 EI 收录的情况

年份	EI 收录中国学者的英文论文数量/篇	EI 收录中国学者的中文论文数量/篇	中英文论文数量之比
2016	234 301	45 999	5. 09:1
2015	226 622	49 404	4. 59:1
2014	263 918	49 062	5. 38:1
2013	235 281	50 360	4. 67:1
2012	221 004	47 582	4. 64:1
2011	209 603	55 194	3. 80:1
2010	172 929	50 451	3. 43:1
2009	145 663	43 832	3. 32:1
2008	112 207	54 375	2. 06:1
2007	87 872	55 090	1. 60:1

从绝对值看，我国科研产出取得显著成就。但是，面对近几年大批国际期刊对我国论文的撤稿、退稿等现象，也需要我们冷静反思这种追逐国际期刊数量的形势是否可持续。一方面，英文论文发表数量排世界前列，不代表我国的重大科学成果数占比大，国际科研的中心依旧没有发生根本性的转移，美国仍然是科学强国；另一方面，我国现阶段的科技经费仅占 GDP 的 2. 1%①（2017 年度），预计该年度总量为美国的 60%，由此可见我国的科研投入还有较大的增长空间。此外，我国相应的学术价值和制度尚未与国际接轨。

① 根据国家统计局、科学技术部、财政部《2017 年全国科技经费投入统计公报》统计数据以及该年 GDP 计算得出。

二、 导致科研成果外流

高质量的稿源是科技期刊建设与发展的基础，大量科技论文外流使国内期刊稿源学术质量下降，难以与国际接轨，不能吸引国际科学界的关注，进而进一步丧失民族的学术话语权。据2017年《中国英文学术期刊国际国内印证报告》统计，我国有近300种英文版学术期刊，而被科学网的《期刊引证报告》（Journal Citation Reports，简称JCR）收录的只有160种，仅占JCR的1.4%。我国拥有世界上1/4的人口，也拥有强大的科研队伍，科研实力已跃居世界第二的位置。而我国的学术与科技期刊远远不能支撑一个科研大国的实力。①

在2018年召开的香山科学会议上，北京大学的一位院士指出，“一流和二流稿件投国外，三流和四流稿件投国内，这是中国学术界的一种现象，也反映了我国科技期刊的尴尬境地”。2016年，中国学者在全球科学引文索引期刊（SCI）发文32.24万余篇，而在中国社会科学引文索引期刊发文仅2.24万余篇，可见国内科技期刊对于国内学者的影响力较弱。②

大量的科研论文外流，为其他国家获得并分析我国尖端科技的发展动向提供了直接或间接情报，带来科技信息安全隐患。另外，中国学者撰写的英文论文首先在国外的刊物上发表，这些文章凝聚着中国科研人员的智力劳动与科研资金投入，本该首先服务于我国社会建设，但这些文章首先被国外的同行阅读、评判，使国外过早了解到这些科研创新成果，并加以

① 刘彩娥. 把论文写在祖国大地上：国内科研论文外流现象分析[J]. 北京工业大学学报（社会科学版），2018(2)：64－72.

② 陈磊. 优秀论文争相“出国” 中文期刊望“洋”兴叹[N]. 科技日报，2018－09－18(1).

利用，损害了我国的经济利益。科研论文的大量外流，不仅影响了最新科研成果在国内的传播，使国内的研究人员不能更广泛、更方便地了解到同行的研究成果并进行交流，而且也影响科研成果的及时转化与利用。①

三、 导致科研经费外流

国内曾有专家对单篇论文的成本与论文外流造成的经济损失进行了计算，得出单篇外流论文经济损失平均为 3 348 元（不含科研人员的劳动报酬），并以 2012 年农业工程领域论文外流为案例，计算出该年农业工程领域论文外流总数为 1 991 篇，论文外流造成的经济损失总计为 667 万元，还粗略估算了 2012 年，我国 110 个学科的论文外流造成的文献经济总损失量为 7. 33 亿元。

有研究者认为这一估算过于保守，因为应用学科的实验设备成本往往耗资更加巨大。有研究者利用中国国家自然科学基金委发布的年度报告数据，以面上项目 10 年数据（2006—2016 年）为样本，作了一个比较粗略的估算。10 年间，国家自然科学基金委资助面上项目经费总额为8 075 650 万元，根据基金委的年度报告，科研成果产出的主要形式为：国际会议邀请报告、国内会议邀请报告、国际期刊论文、国内期刊论文、专著、发明专利，而国际、国内邀请报告的技术内容往往被另外 4 种成果形式包含。10 年间结题的面上项目中各项科研成果总和为：国际期刊论文380 314篇，国内期刊论文 406 102 篇，专著 44 867 部，发明专利 43 253 项。假设每种科研成果的成本花费是均等的，那么，这 10 年间经费总额度与科研产出之

① 刘彩娥. 把论文写在祖国大地上：国内科研论文外流现象分析[J]. 北京工业大学学报（社会科学版），2018(2)：64 - 72.

比约为 9. 23∶1。也就是说，每篇论文的经费成本平均为 9 万余元。以此计算，2016 年，科学引文索引库（SCI）收录中国学者的英文论文 321 266 篇，科研经费成本大约为 295. 56 亿元人民币（包含少量国内英文版刊物）。仅中国学者在国外刊物发表文章的版面费，有专家粗略估计每年达到数十亿元人民币。①

四、 导致学术话语权削弱

中国是科研强国，中国的科研论文无论是数量还是质量，在国际上都处于较为领先的地位。但是，由于这些文章绝大多数以英语撰写并发表在国外的刊物上，使中国在国际上并没有占据应有的学术优势与科技话语权。

一个民族的学术话语权表现为在国际范围内的学术主导性与影响力、引领学术发展方向、主导学术交流态势等方面，而这些是靠有影响力的学术组织、数量多而质量高的学术期刊、权威性的学术评价数据库来支撑的。美国依靠强大的学术资源把持学术话语权，加之英语已经被默认为国际科技交流的通用语言，在国际科技话语方面占据无法取代的地位，使汉语为载体的学术体系日渐式微。中国科研人员竞相把高质量的科研论文发表在国外的期刊上，增强了对方的学术优势，也迎合了西方学术殖民与文化霸权的愿望，并促进了西方国家文化霸权与学术殖民的形成，使我国进一步丧失学术话语权与民族文化自信、科技自信。②

① 刘彩娥. 把论文写在祖国大地上：国内科研论文外流现象分析[J]. 北京工业大学学报(社会科学版)，2018(2)：64 – 72.

② 刘彩娥. 把论文写在祖国大地上：国内科研论文外流现象分析[J]. 北京工业大学学报(社会科学版)，2018(2)：64 – 72.

五、 导致对西方学者的过度推崇

在各类世界大学排名的催生下，国内大学人才争夺进入白热化，很多学校把目光投向海外，不惜重金引进西方学者。西湖大学在筹建过程中，创办者将目光锁定世界一流大学，与世界大学排行榜对标，强调要建立一流的师资队伍。据报道，西湖大学到美国名校招聘人才时开出的条件令人咋舌：一是助教，西湖大学开的薪水是美国的几倍；二是副教授、教授，除科研启动经费外，还会保证未来 5—10 年的经费支持，经费不需要写申请。此外还包括住房、高额商业医疗保险、子女入学等优厚福利待遇。其实，这一事件背后折射出的是对西方学者地位的过度推崇，降低了本国科研人员的地位。

采用多种方式引进西方学者是非英语国家提升排名的共同选择。在 2014 年 U. S. News 全球大学排名中，沙特阿拉伯的阿卜杜勒阿齐兹国王大学（KAU）仅成立两年的数学系排名第七，仅次于哈佛。后经伯克利大学电脑生物专家研究，阿卜杜勒阿齐兹国王大学名次的跃升是因为引进了西方国家外援。阿卜杜勒阿齐兹国王大学同论文引用次数极高的很多数学家进行合作，并以 7. 2 万美元的年薪聘请他们担任该校的客座教授。大学与专家签订协议，规定这些数学家每年必须在沙特阿拉伯工作三周，大学将承担他们的商务舱机票，安排他们入住五星级宾馆。这些专家通过将通信地址进行更改，明显地提高了排名的顺序。①

“大学排名本身并无风险。注重排名甚至根据排名进行决策才有风险，

① 奥尼尔. 算法霸权：数学杀伤性武器的威胁[M]. 马青玲，译. 北京：中信出版集团，2018.

依据大学排名进行决策的程度越高风险越大。”① 从以上分析中可以看到，大学排名已经有意或无意地影响到大学战略的调整、大学功能的发挥和大学特色的发展，排名所鼓舞的评价方式给大学组织内部的学生和教师的正当利益带来伤害，在高等教育国际化过程中不利于世界各民族文明成果的传承。倘若社会各界对此不加以重视，会给世界高等教育体系和世界文明带来不良后果，把高等教育发展引向歧途。

① 袁振国. 大学排名的风险：大学变革的历史轨迹与启示之四[J]. 中国高等教育，2016(20)：26－29.

第九章 借鉴尚可，跟风者戒

大学的“排名热”很大程度上反映了随着高等教育大众化进程的持续，社会对高等教育的关注度和参与意识日益增强的良好态势。全球化进程中高等教育规模的扩张、大学之间的国际竞争与合作、大学与企业和政府各界关系的密切度的加强、消费者对相关信息的需求、高等教育迈向市场化时代和教育商品化以及绩效责任等多重力量推动了排名的发展。大学排名是消费者市场、管理者和大学本身正确定位需求三者共同的产物。①

随着高等教育市场越来越开放且相互之间的竞争越来越激烈，各界越来越渴望了解学校的质量与效益的信息。高等教育入学需求的扩张加大了各界对大学质量相关信息的需求，导致了各类排名在各国的发展与繁荣。政府、家长、学生、社会大众以及大学自身都想通过排名来了解更多的信息，以此甄别世界范围内不同高校的质量和表现。通过前面的考察分析，市场上现行发布的排行榜均存在着一定的问题或缺陷，具体表现在：大学排行导向不可取、学校不可比、标准不一致、指标不匹配、数据不可靠、

① 谢亚兰. 大学排名指标体系及影响研究[D]. 上海：上海交通大学，2010.

方法不科学以及存在较大的文化偏见等七个方面。这些问题或缺陷在实践中助长了大学的非理性办学，具体体现在：助长了大学急功近利、助长了忽视学生和教学的倾向、助长了淡化办学特色、助长了大学盲目扩张、助长了不当的竞争以及助长了西方文化中心等六个方面的问题。

美国学者斯塔夫里阿诺斯曾提道：排名不是21世纪大学活动的主要驱动力，但它们正变成我们生活和工作的世界中越来越重要的一部分①。然而，当前的大学排名无论操作程序还是指标体系的构建都存在各种问题，还离完善相距甚远，我们必须要用一种正确的态度对待它。在这种背景下我们自然而然地便会思考这样两个问题：第一，到底什么是正确的评价观和标准体系？第二，面对纷繁复杂的排行榜，大学、社会以及政府应该采取何种态度？

① 斯塔夫里阿诺斯．全球通史：1500年以后的世界[M]．吴象婴，梁赤民，译．上海：上海社会科学院出版社，1992.

第一节 建立正确的评价观和标准体系

人们对大学排名的质疑声从未间断过，但是在市场化和教育商品化以及绩效责任的多重影响下，通过比较、排名的方式，可使大学证明自己提供的“产品”与“服务”是有品质而且是值得投资的，同时可作为学术选择大学的咨询与线索，帮助社会大众了解与比较大学的表现，这也是推动大学排名产生与发展的重要力量之一①。一份优质的大学排行榜在现实功用上确实能够为大学提供质量的证明，为社会提供参考咨询的线索，为政府决策提供依据。然而，这些作用的发挥有赖于一个前提的成立：那就是大学排行榜在价值立场上是正确的，并且其评价指标标准体系是科学的、合理的。

一、大学排名评估的价值与作用

（一）诊断与调节

对大学进行排名实际上就是根据一定的教育价值观或标准指标体系对大学进行评估的过程。通过科学的方法、严谨的程序搜集被评估者的有关资料，进行严格的系统分析，根据对照先前拟定的评价标准和指标，就可以对评估对象作出价值判断与分析诊断。排名与评估的功效主要在认定、判断评估对象合格与否、优劣程度、水平高低等实际价值的功效和能力。

① HOSSLER D. The Problem with College Rankings[J]. About Campus, 2000, 5(1): 20-24.

换言之，大学排行评估中，通过对收集的信息资料进行比较分析，能够发现被评估高校与同行相比目前大致处在什么位置，能够诊断出被评估高校教学、科研、人才培养、服务社会等方面可能存在的缺陷与不足、矛盾及问题。

评价作为一种反馈—矫正系统，还具有调节作用。通过分析排名的标准与指标，参照同行的水平与做法，可以说出、诊断出高校在办学与发展过程中哪些部分或环节做得好，应加以保持和提高，同时也能指出哪些地方存在着问题，找出原因，再针对这些原因提供改进途径和措施。

（二）激励与引导

排行的激励功能指合理有效地运用排名进行评估评价，能够有效激发和维持评价对象的内在动力，调动被评价者的内部潜力，提高其工作的积极性和创造性，从而达到激励其不断进步，让高校始终行走在精益求精、不断超越自我的途中。排行评估有助于新的更高的战略目标的制订，有助于高校办学规划与举措的更新与调整，激励着高校不断超越自我，引领同行。

从宏观上来看，大学排行榜具有一定的社会导向作用。确定排行榜始终是在一定的价值导向下开展的排名评价活动，价值导向指向哪里，社会大众便会将目光聚焦在哪里，进而也会引导高校走向哪里。从微观上来看，排行榜所采纳的目标、标准、指标及其权重，对被评价对象来说，在实践中实际上起着“指挥棒”的作用，引导着高校的办学方向以及现实举措。好的排行榜必定会激励与引导高校不断超越历史，引领未来。

二、大学排行规范与柏林原则

世界银行研究者萨尔米（Salmi）和萨拉杨（Saroyan）指出："我们有理由将排名的大量涌现与高等教育的大众化和世界范围内高等教育规模的空前扩张联系起来。"① 虽然不是所有的人都会积极地看待排名，但是似乎反对者正在投入一场不可能胜利的战争。现在有越来越多的证据表明，排名不仅客观存在，而且对世界范围内有关高等教育质量和绩效责任讨论的影响逐渐增大②。为了促进排名的进一步发展与引导排名发挥出其应有的和潜在的功能，进一步规范排名并寻找改善与发展排名的可行的路径尤为重要。

2004 年，联合国教科文组织欧洲高等教育研究中心（UNESCO - CEPES）与美国华盛顿高等教育政策研究所（IHEP）共同发起成立了排名国际专家组（International Ranking Expert Group）。2006 年 5 月，在柏林召开的大学排名国际专家组第二次会议上，专家组首倡了一套有关高等教育排名质量和操作范例的原则，这就是高等教育机构排名的"柏林原则"。

柏林原则的制订是大学排名发展史上的一个里程碑，它从建设性的角度对排名提出改进建议，提供了"一套大学排名的质量原则和操作范例"，以期对"排名的改进和排名质量的评价"有所帮助。柏林原则从排名目的、指标设计与权重分配、数据采集与处理和排名结果的公布四个方面设置了 16 条标准，以规范和指导大学排名活动。

---

① SALMI J, SAROYAN A. League Tables as Policy Instruments: Uses and Misuses[J]. Higher Education Management and Policy, 2007, 19(2): 31 - 68.

② 刘念才，程莹，SADLAK J. 大学排名：国际化与多元化[M]. 上海：上海交通大学出版社，2009：前言.

高等教育机构排名的柏林原则如下：

A. 排名的目的

1. 排名应该成为对高等教育的投入、过程和产出评价的众多方法中的一种。排名可以提供有关高等教育的可比信息和对高等教育更深入的了解，但是不应该成为判断高等教育是什么和做什么的主要标准。排名是从市场的角度来看待高等教育机构，这可以作为政府、认证机构以及其他独立评价机构所从事工作的补充。

2. 排名应该明确自己的目的和目标群体。排名的设计应该和目的相一致。为特定目的或特定群体而设计的指标可能并不适合其他目的或目标群体。

3. 排名应该认识到高等教育机构的多样性并考虑到它们不同的使命和目标。例如，对研究导向型院校和面向大众化教育的普通院校的质量评价标准就截然不同。排名应该经常咨询被排名院校和相关专家的意见。

4. 排名应该清楚数据来源范围和数据背后的含义。排名结果的可靠性取决于对信息的加工和信息的来源（比如数据库、学生、教师、雇主等）。好的做法应该是将来源于不同渠道、代表不同立场的数据组合起来，从而形成一个对被排名院校的更全面的看法。

5. 排名应该考虑被排名院校所处教育体系的语言的、文化的、经济的以及历史的背景，特别是国际排名应该意识到可能产生的偏向以及结果的精确性。并不是所有的国家和教育体系在对第三级教育机构的“质量”认定上都有共同的价值取向，排名系统不应该被设计用来强制进行这种比较。

B. 指标设计与权重分配

6. 排名方法应当清楚透明。透明包括指标的计算和数据的来源。

7. 指标的选择应该基于指标的恰当性和有效性。数据的选择应该基于对质量和学术优劣的各种评价指标的认识，而不是仅仅考虑数据的可获取性。排名应当明确告知为什么包括这些指标和这些指标反映的是什么。

8. 尽可能优先评价产出而不是投入。投入数据反映的是机构现有的、全面的情况并且通常都可以获取。然而，产出评价是对特定机构或专业的声望和/或质量所进行的更为精确的评价，排名的完成者应该确保这两者的权重达到恰当的平衡。

9. 指标的权重分配（如果有的话）应该非常明确并且尽量保持稳定。权重的变化会使用户难以明确地判断究竟是实力的变化还是排名方法的变化导致了机构或专业的位次变化。

C. 数据的采集与处理

10. 排名应该有一定的道德标准并吸收更合适的操作方法。为确保每次排名的可靠性，数据的采集、使用和网络访问的提供应该尽可能地客观和公正。

11. 排名应该尽可能地使用审核过的、可核实的数据。这样的数据有许多优势：比如机构已经接受了这些数据，这些数据在机构间是可比的、口径是一致的。

12. 排名使用的数据应该是按照科学的数据收集过程所获得的。从不具代表性的或有缺陷的样本（学生、教师或其他群体）中获得的数据可能不能准确地反映一所机构或专业的实际状况，这样的数据不应被用于排名。

13. 运用各种手段对排名活动本身进行质量保障。应该考虑采用评价高等教育机构的方法去评价排名本身。排名应该不断地根据专业意见去改进排名方法。

14. 采用体制性的措施增强排名的可靠性。这些举措可以包括设置顾问委员会甚至是监督委员会，委员会成员中最好包括一些国际专家。

D. 排名结果的公布

15. 提供有关排名制作的所有信息，使得用户能清楚地理解排名是如何得到的，并且允许用户自由选择排名结果的展示方式。这样，排名的使用者可以更好地理解用于排名的指标。此外，他们有机会自行决定指标的权重分配方案。

16. 通过一定的处理消除或降低原始数据中的误差，并且通过恰当的组织和公布方法使得错误可以被校正。机构和公众应该被告知排名中曾犯过的错误。

专家组希望“柏林原则”为高等教育机构排名的制作和传播散布设置一套框架，不论在范围上排名是国家的、地区的还是全球的，最终形成使排名方法持续改进和完善的一套机制。尽管各种排行榜排名方法有所不同，关于操作范例的“柏林原则”对于它们的改进和评价都将具有积极作用。

2013 年 6 月，联合国教科文组织出版了《高等教育排名与问责：善用与滥用》（*Rankings and Accountability in Higher Education*：*Uses and Misuses*）研究报告。研究报告分为方法论反思、执行与应用、国际视角、改良措施四大部分，从正、反两方面对现存的世界大学排名体系的善用与滥用情况展开讨论，并针对现有世界大学排名的缺点提出了改进方法。①

三、 标准是决定评估成功与否的关键

教育评价就是通过观察测量被评对象具体的外化的行为指标并进行价值判断的过程。指标体系的科学性、合理性在很大程度上影响着评估工作的质量和水平，我们应设计出一个比较有效、简明、科学的指标系统，因

① MAROPE P T M, WELLS P J, HAZELKORN E. Rankings and Accountability in Higher Education：Uses and Misuses[M]. Paris：UNESCO, 2013.

其将直接影响着评价结果的科学性和可信性。从另一个角度来看，评价的目标、标准、指标及其权重设置，对被评价对象而言，可能还起着“指挥棒”的作用。可以说，排名的指标和标准是排名活动的生命线，是决定排名成功与否的核心，是关系各方承认与否的关键。一个科学、合理的排名标准体系必须要满足以下六个特征：

（一）先进性

指标和标准的先进性主要是指标与标准是否及时地反映了事物发生的各种变化等。举例而言，20 世纪的大学排名指标体系肯定无法用来评价今天的大学特性，平面媒体年代的指标体系无法用来评价互联网智能时代大学的特性。发布高校排名旨在向高校、学生与家长、社会与政府提供充分、科学的信息，浅层目标是为其决策提供咨询与依据，但更深层的目标是适当引领其不断超越过去、当下，并引领未来。因此，一项排名体系如果要保证排名的客观性与时效性，就必须不断地更新、改进、改良评价指标体系。只有将新的形势、新的变化及时地吸收并反馈出来，一项指标才能一直保持科学、合理并焕发出生命力。

（二）科学性

各指标体系的设计及评价指标的选择必须以科学性为原则，能客观真实地反映高校科研、教育、社会服务、科技创新、文化传播等多方面的特点和状况，能客观、全面地反映出高校在全体办学者中办学的水平、客观现实情况。各评价指标应该具有典型代表性，不能过多过细，使指标过于烦琐、相互重叠；又不能过少过简，以避免指标信息遗漏、出现错误或不真实现象。科学性是排名质量保障最重要的底线，如果没有科学性，排行榜便会成为一纸空文。如前所述，评估排名避免导向不可取、学校不可比、标准不一致、指标不匹配、数据不可靠、方法不科学等诸多问题。

（三）可比性

可比性是指确立的测评标准在相对稳定的基础上，具有使用价值的纵向比较性和横向比较性。指标应有相互对比的共同基础，要比得合理，符合评估对象的客观规律。龟兔赛跑就是用不一致的特性标准进行比较的反例。兔子和兔子比，乌龟和乌龟比，拿兔子的跑步与乌龟的爬行来比较肯定不合理。如果指标之间不可比，或者比较的对象不在一个维度、不在一个层面，那么排名评估的信度、效度肯定不会很高，即使得出了评估排名结果，也无法从指标上直接找出差距，最终也不会起到应有的作用。排名评估中应制订统一的标准统计分类体系和核算体系，规范有关指标的定义、计算口径和计算方法，使评估排名直接具有可比性。

（四）可操作性

可操作性是指各指标应尽量简单明了、微观性强、便于收集，各指标应该具有很强的现实可操作性。评估指标应使别人能理解操作内容和过程，并能重复验证，要使被解释的事物成为可以看得到、摸得着，可以测量计数的项目，要将操作性定义的指标成分分解到能直接观测为止，同时又要避免重大的信息流失和科学逻辑的偏误。如果一项评价指标体系过于复杂，致使评估者拿到评估量表时茫然无措、无法执行，或被评估者按照评估者的要求无法提供对应的测量信息，那么这项排名评估的可操作性就不强。

（五）敏感性

在对排名系统进行评估分析时，并不需要将所有的因素都囊括进来。实际上，由于受资料的可获得性以及精力、资源的有限性等多方面因素的影响，不可能将所有的要素都纳入排名评估范围之内。同时，一些敏感度不高的指标在实际中可能会导致表面上的合理性掩盖实际上的不合理性，使真实存在的情况没有客观、全面地被反映出来，导致排名评估的信度不高，不能作为办学真实水平和质量的参考。因此，在设计标准指标时，应寻找出影响最大、最敏感的主要变量因素，通过敏感的数据来反映真实的办学实际。

（六）自洽性

构成评价标准体系的各指标之间应该具有严密的逻辑体系。不同的评估指标特性要鲜明，能够敏感地测出评价对象的核心特征。同时，指标之间也应该相互联系、互为支撑。横向上，指标应使涉及大学排名的方方面面要素都能涵纳进来；纵向上，一级指标与二级指标之间应具有层次性，自上而下，从宏观到微观层层深入，形成一个不可分割的评价体系。排名的指标体系应该从不同的侧面反映被评估对象系统的主要特征和状态。每一个子系统由一组指标构成，各指标之间相互独立，又彼此联系，共同构成一个有机统一体。指标体系的构建应该具有逻辑的自洽性，使指标框架设计和权重分布能够满足推理严密性以及整体一致性的要求。

大学排名已成为一个势不可挡的全球现象，其影响力也与日俱增。在当前和今后一段时间内，围绕大学排名的一个关键问题是：排行榜发布机构如何提高大学排名的科学性和合理性，以发挥其应有的功能和作用？学生和家长如何正确地解读排行榜所传达的信息，以谨慎、合理地做出最优化选择？高校应该以何种姿态去面对纷繁复杂的排行榜，以提升学校的办学质量？政府部门应该采取哪些措施，以规范、支持排行榜发布行为？

第二节 发布者要科学不要功利

大学排名遭到的质疑主要表现在：第一，排名动机是否正当？第二，指标体系设计是否合理？第三，指标的设计对于受到评价的大学而言是否公正？第四，数据是否可靠？第五，排行榜是否得到用户的正确解读？① 有研究者通过调查研究指出，排行榜因下列两种情况而经常产生与使用者无关的情形。第一，排名没有体现许多实际使用者的需要。大学排名本是基于特定群体的需要而研制的，可排名一旦产生，其预期的目标群体就会被忘却，大学排名就被认为可以应用于排名的所有阅读群体。第二，排名实际上并没有反映其预期目标群体的诉求。② 例如，尽管许多排名都声称其目的是为考生择校服务，然而，这些排名既没有调查学生择校的依据，也没有考察学生的信息需求。因此，这些排名其实与考生的需要并没有多少相关性。排名者宣称排名的目的是服务学生，仅仅是一种“姿态”，是出于“政治正确”的目的。

一、 重视公共立场与公信力

从现有的大学排名类型来看，发布的主体主要分为三类，一是大学排

① 邱均平，董西露. 五种世界大学排行榜比较研究[J]. 上海教育评估研究，2017(3)：1-6.

② 梁卿. 欧盟“多维度全球大学排名”述评[J]. 比较教育研究，2012(4)：40-43.

名公司，二是商业性媒体，三是大学附属排名研究机构。无论是哪一种类型的排名，都存在自身的利益诉求，属于典型的利益相关业务。从排名机构属性来看，众多有影响力的大学排名都缺乏独立性和公信力。①

商业性机构或刊物无法回避在其大学排名中的商业利益考量。美、英最有影响的大学排名都是商业机构进行的，这可能可以部分地解释其排名指标设定的武断以及修改的频率。发行量是商业刊物的生命线，我们试想如果某一商业刊物每年发布的大学排行榜都一样，是否还能吸引读者购买？因此每年修改指标就成为必然。② 例如，QS 和 THE 都是具有商业目的的大学排名机构，其潜在利益动机会影响排名。如 QS 本身是商业咨询机构，为想要提高排名位置的大学提供咨询服务。提供咨询的机构又为排名执行机构，机构会觉得有责任让自己的用户在排名中的位置有所提高。③中国教育报记者通过与全球四大排名的主要研发者进行交流发现，排名首要的考量因素是商业成本控制，“科学”但“昂贵”永远不会成为排名机构的选择。从大学排名的利益相关角度来说，大学排名考虑的从来不是公共利益，“商业利益”和“政治正确”才是他们首先要考虑的事情。④

美国教育评价标准联合委员（The Joint Committee on Standards for Educational Evaluation in United States）1981 年确定了评价应遵守的四项主要准则，即效用、可行性、恰当性和准确度。⑤

---

① 张端鸿. 排名不能覆盖大学全部发展目标[N]. 中国教育报，2018－06－20(2).

② 王英杰. 大学排行：问题与对策[J]. 比较教育研究，2008(10)：1－5.

③ MAROPE P T M, WELLS P J, HAZELKORN E. Rankings and Accountability in Higher Education: Uses and Misuses[M]. Paris: UNESCO, 2013.

④ 张端鸿. 排名不能覆盖大学全部发展目标[N]. 中国教育报，2018－06－20(2).

⑤ 许建钺. 简明国际教育百科全书：教育测量与评价[M]. 北京：教育科学出版社，1992.

二、 用统一标准评价同质对象

排行榜的本质是在一定价值取向指引下对评价对象进行价值评估，而评估的前提是这些评估对象在价值上具有同质性，因而才能够使用统一标准对其进行相应的价值评估。如果用同一个价值标准去衡量非同质的价值对象，那么无异于用一部分对象的本质属性价值与其他对象的附属价值进行比较，其产生的结果不可能是公正公平的。可以说，现在市场上流行的大学排行榜几乎都无法回避大学排行榜指标的统一性与大学的异质性之间的深层悖论。如果一定要对高校排名的话，必须注意要对类似的高校进行比较。这意味着，不仅要从校名上去考察高校的相似性（如大学与大学、社区学院与社区学院），更要从使命、组织和培养项目侧重点上去考察高校的相似性。例如，研究型大学应与研究型大学进行比较，教学型大学应该和教学型大学进行比较。①

多数榜单都在很大程度上依靠同行评议的方式来收集数据资料，并声称这个过程是可靠的，但有些人根据不同的理由对这种做法提出批评。他们的理由包括：晕轮效应会使他们做出糟糕的判断；对评价者来说，由于没有一个共同的质量参照框架，因此，他们的意见是非常主观的；由于评价者缺乏对评价对象的充分了解，所以，他们做出的判断未必准确。②

---

① 萨尔米，萨拉杨，王利兵，等. 作为政策工具的大学排行榜[J]. 教育研究，2010(1)：59－68.

② 萨尔米，萨拉杨，王利兵，等. 作为政策工具的大学排行榜[J]. 教育研究，2010(1)：59－68.

三、 采纳更科学合理的指标体系

关于大学排名的问题，其中与大学排名指标体系相关的问题一直是研究的难点与重点。大学排名指标选择及权重分配的依据与科学性至今尚缺乏很好的解释和依据，且现有排名的指标体系也没有很好地得到教育评价理论的支撑与解释。事实上，迄今大学排名遭遇不少争议，而指标是遭遇质疑最多的要素之一。

（一）采纳更为科学合理的指标

萨尔米等指出排行榜使用的一些典型分类指标（声誉、教师科研成果、学生学业成果等）与质量之间的关联缺乏理论性和实证性的依据。基于各种完全不同意义的指标进行加总并得出总分，这种方法本身就存在着理论上的缺陷，过于简单化，在数学上也是站不住脚的。① 还有研究者提到：一般排名都倾向于大学的科研成绩，而牺牲了教学质量，虽然一些排名设计了诸如“招生选拔性”“班规模”和“馆藏图书量”等与教学相关的指标，但是这些指标基本上是与大学教学输入端相关的，并不一定能准确反映大学教学的输出端——质量。② 哈维·戈德斯坦指出：“采用统计学的方法对大学进行排名比较不可避免地存在局限。因此，我们应该将排名

① 萨尔米，萨拉杨，王利兵，等. 作为政策工具的大学排行榜[J]. 教育研究，2010(1)：59－68.

② 王英杰. 大学排行：问题与对策[J]. 比较教育研究，2008(10)：1－5.

结果看成是建设性的建议而不是决定性的结论。”①

亚历克斯·埃舍尔、马斯莫·萨维诺通过对全球19个大学排行榜进行研究发现，这些排行榜所采用的质量指标大致可以划分为七类:②

1. 新生质量指标，最常见的新生质量指标是全国标准化考试成绩。

2. 师资投入指标，最简单的评估办法是评估教师的人数。

3. 资源投入指标，许多资源评估方法以收入为基础，物质基础设施也被用来作为评估大学资源的指标，排行榜的制订者们最偏爱的基础设施指标是图书馆资源。

4. 教育产出指标，教育产出最简单的评估方法是与学生毕业率和保持率相关的方法。

5. 最终成果指标，最终成果是毕业生的整体表现，就业率是最终成果最常用的评估方法。

6. 科学研究指标，文献计量方法，也就是统计论文篇数和论文被引用数，这是考察科研质量的常用方法。

7. 声誉指标，其假设基础是，接受调查的雇主、学院和学院管理者对大学质量的评价是广博、最新和公平的。

（二）分层分类考察不同高校

目前市场上流行的大学排行榜存在的一个普遍性问题是评价的标准过于单一化，即用一把尺子衡量各类型、各层次大学，评价标准缺乏针对性和有效性。萨尔米认为，运用多种指标和多重方法而非单一的加权排行，

---

① GOLDSTEIN H, SPIEGELHALTER D J. League Tables and Their Limitations: Statistical Issues in Comparisons of Institutional Performance[J]. Journal of the Royal Statistical Society (Series A), 1996, 159(3): 385 -443.

② 埃舍尔，萨维诺，王亚敏，等. 差异的世界：大学排名的全球调查[J]. 清华大学教育研究，2006，27(5)：1 -10.

多种指标会产生多个分数而不是一个总的分数，这样就可以反映出优势的领域和不足的方面。尽管高校之间的状况存在很大的差别，但各排行榜结果的矛盾和各院校间显著的差异却表明，对所有高校采用单一的加权排行是毫无意义的。① 这种做法不仅有失公正和科学性，还会对高校产生误导。有些高校为了提升自己在排行榜中的排名，不顾实际地使单科性大学向综合型扩展、教学型大学向研究型靠拢、专科学校向本科大学进军，最终大家均丧失办学特色。可笑的是多数高校排名也不见得提升多少，并且浪费了大量的人力、物力、财力，甚至背上沉重的发展包袱。

大学排名机构应该进一步清晰质量指标，构建科学合理、多元分层的评价指标体系，使用多渠道的第三方数据，以形成对院校更加全面的评价。这些第三方数据指通过对政府部门（如国家统计局、教育部等）、中介机构（如诺贝尔奖网站、大学教授联合会等）等公布的一些数据进行收集和整理，得出相应的统计结果。

四、 配套发布阅读使用说明

（一）明确排名目的和目标群体

大学排名的很多误用都是由于排名仅仅公布了排名结果造成的：使用者仅仅看到了关于大学的一张表格，但并不清楚这张表格是怎么来的，它反映了哪些信息，这些信息在多大程度上是可靠的，这些信息和自己的需求之间有多大的联系。排名要明确目的和目标群体，排行榜发布机构必须在官方网站或权威报告中提醒公众哪些用户适合使用或参考该排行榜。大

① 萨尔米，萨拉杨，王利兵，等．作为政策工具的大学排行榜[J]．教育研究，2010(1)：59－68.

学排行榜应该在公布排名的同时向大众公布其使用目的和使用说明。例如U. S. News是在美国高等教育大众化进入高原期、高等教育市场化进入成熟期的历史背景下，为了满足等着上大学的近千万年轻人对大学及其专业的强烈信息需求而产生的，其主要目的是向学生提供大学及其专业方面的排名信息，以利于学生做出明智的决策。THE的排名是为了应对高等教育全球化趋势，为全球学生提供有关高等教育的可比信息，使其对进入排名的高等院校能有更深入的了解。质量的结构具有很大的模糊性，因此，从事教育排行的有关组织、政府机构和媒体应明确其排名中质量的定义。同时，它们也应详细说明该排名想测量什么或不想测量什么，它们排名的目的以及排行结果的受用对象。①

（二）指导用户正确使用排名结果

排名的发布者在排名发布的同时应该提醒用户如何正确使用排名，指导用户了解排名采用的技术、指标及其现实指针，帮助用户正确解读排名，理性应用排名的结果。公布排名结果时同时公布排名的数据来源、指标体系及处理方法，排名已出现的和可能存在的问题及局限性；让使用者充分了解排名可以做什么、不能做什么，尽可能避免对排名的误用。概言之，大学排行榜的制订者必须以公众所能读懂的语言向社会公布其使用目的和使用说明，以使排行榜的阅读与使用对象能够清晰地解读并获取到正确有效的信息，在此基础上做出审慎而又明智的决策。

（三）汲取经验及时改良完善

勇敢并大方地承认和帮助用户认识排名的缺陷，在官方网站或权威报

---

① 萨尔米，萨拉杨，王利兵，等．作为政策工具的大学排行榜[J]．教育研究，2010(1)：59－68．

告中给出关于排名的方法缺陷的分析，及时汲取经验，并在下一步的行动中改进完善新的排名。

U. S. News 连续发布国内外高校排行榜很多年，尽管许多高校和相关领导人表示蔑视甚至扬言抵制的声音从未消停过，但依然阻挡不了其国内排行榜成为美国人信赖并作为决策的重要参考资料。加拿大《麦克林》杂志的大学排名活动从一开始就受到公众及大学的抗议与抵制，但依然阻止不了这本杂志在市场上的流行。只要排行榜发行方能够虚心接受批评，汲取有益的批评意见，逐渐开发出更为客观的评选标准和更为精确的统计方式，并以此来巩固大学排行的权威性和真实性，还是可以获得更多公众的认同和信赖的。

第三节　社会要了解不同排名的特点与局限，为我所用

大学排名结果受到评价目标、评价目的、评价指标体系、评价方法等诸多因素的影响，任何因素发生变化都会使结果发生变化。因此，不同排名机构的大学排名结果大相径庭是在所难免的。对大学这样一个复杂的社会组织，通过几个指标进行排名本身就是有缺陷的。尽管如此，大学排名作为社会大众认识大学的工具又是必要的。因此，有学者呼吁社会各方面要了解不同排行榜的侧重点，平心静气地看待大学排行榜。① 学生和家长既不能视之为质量评估之圭臬，但也不必视之为洪水猛兽。

---

① 刘尧．平心静气地看待大学排行榜[J]．上海教育评估研究，2014(2)：32－36.

一、 多维视角， 全面解读

用户在参考排行榜时应该运用多维的视角去解读与分析，这些视角包括技术的视角、政治的视角、文化的视角与经济的视角①。技术的视角着重关注排行榜所采用的评估技术框架，主要为指标的采用、权重的设计、数据的采取以及结果的核算。政治的视角着重关注高等教育系统内权利的转移、资源的分配、话语权和后现代等特征。文化的视角主要着重关注该项排名是在什么样的文化境脉下产生的，是英语文化、欧美文化背景还是差异化的多元境脉中产生的，或该排行榜有没有关涉、聚焦地方性文化对大学排名所带来的影响。经济的视角着重关注排名活动与高等教育商业化之间的关联，排行榜所折射出的经济资本、人力资本以及社会资本。

二、 认识需求， 合理使用

对家长与学生而言，大学排名直接影响的是学生对学校的选择。排名为学生对大学的认知提供了信息，架起了桥梁。全球性大学排名为学生了解大学信息提供了标杆与尺度，为更深入地了解乃至最终做出决策提供了参考与支持。无论是高校、家长、学生，都要科学地看待和分析排名自身逻辑上的不足，合理解读排名；并在充分的自我认识与需求的基础上，根据自身的实际情况看待与利用大学排名。不同考生的考分、考试类别（文

① 邱均平，董西露．五种世界大学排行榜比较研究[J]．上海教育评估研究，2017(3)：1－6.

科或理科等）、专业兴趣和就业倾向各不相同，所以，在参考大学排行榜时，我们应有所取舍和侧重。如果你打算从事科学研究，可以关注科研实力指标；如果你已经有心仪的专业，不妨多看看学科排名数据；若你有志于出国深造，可以留意大学的国际化程度。

第四节　高校可以参阅但不能作为指挥棒

高校对于排名的态度十分矛盾，一方面或多或少抵制大学排名，另一方面却又非常关注大学排名。当自己所属的大学排名比自己心目中的名次更为靠前的时候，排行榜带来的可能是欢喜与鼓舞，或许还会是学校宣传时的重要佐证材料。当自己所属的大学排名比自己心目中的名次更靠后的时候，排行榜更多带来的是不是滋味，些许还有一点暗恨。香港大学教育学院程介明教授认为汹涌而来的大学排行榜对院校形成相当大的压力。第一，排行榜其实是在量度院校。许多院校，尤其是一些古老系统的老牌大学是从来没有给人家量度过的，因此感到很不自在。第二，大多数的排行榜，事先不会征求院校的同意，也曾经有院校表示抗议或者要退出的，但是，恐怕到头来只会自己吃亏。第三，排行榜采用的数据，很多是“客观数据”，不是院校提供的，院校无法控制，也无法在短期内改变；于是，院校只能慨叹无奈。第四，量度些什么，往往院校事先是不知道的。即使是同一个排行榜，用的指标和加权方法可以每年改变，且“不断改进”。①

总而言之，高校对于排行榜的态度总是爱恨交织。厦门大学刘海峰教

① 程介明. 汹涌而来的大学排名[J]. 上海教育，2007(12A)：32.

授曾借用一句歌词对此现象戏谑道："想说爱你不容易。"①

经合组织（OECD）的研究报告指出："大学排名是新的充满竞争的高等教育环境的表现，是产生变化的驱动器。虽然这些变化会是积极的还是消极的仍然还有争论，但高等教育机构实际上很关心排名对他们的声誉、国际范围内招生与吸引博士后的能力、形成学术合作关系、确保毕业生就业机会的影响。"② 越来越多的证据表明，大学排名对高等院校的决策和发展战略的制订与实施、人事招聘及组织结构、资源分配和资金募集、学生择校和高校招生、高校教育教学质量保证等方面都产生了巨大影响。有研究者通过对世界一流大学的排名与建设进行调查分析后指出："大学和院系都在以排名为起点对自身的优点和不足进行分析。"③

一、 大学不能跟着排行榜转

"柏林原则"对排行榜价值有如下表述："排名可以提供有关高等教育的可比信息和对高等教育更深入的了解，但是不应该成为判断高等教育是什么和做什么的主要标准。"各类高校必须正确定位，沿着既定的目标踏踏实实、一步一个脚印地前进，不要跟着别人转，不要跟着"排行榜"转，不能"这山看着那山高""此景不如彼景好"。正如程介明教授所言："排名是工作成果的检阅，不是工作的目标，更不是奋斗的动力。排名的高低可以引发我们的思考，但排行榜不会为我们指出方向。最成功的大

① 刘海峰. 悲喜大学排行榜[J]. 科学新闻，2011(11)：17.

② OECD. How Do Rankings Impact on Higher Education?［EB/OL］.（2007-12-15）[2018-11-08]. http://www.oecd.org/dataoecd/8/27/39802910.pdf.

③ 刘念才，SADLAK J. 世界一流大学：特征·排名·建设[M]. 上海：上海交通大学出版社，2007.

学，也许可以符合大部分排名指标；符合所有排名指标的大学，却不一定是成功的大学。醉心于排行榜的，把攀升排行榜作为办学目标的一定成不了‘世界级一流大学’。”① 面对大学排名，应该保持冷静的头脑和平静的心态，既不能无视排行榜的存在，也不能让排行榜牵着鼻子走。潘懋元先生也曾提出：一流大学不是排行榜排出来的，一流大学不能跟着排行榜转。②

二、 重视看不见的软性指标

1998 年，联合国教科文组织举办世界高等教育会议指出，高等教育的使命不仅仅是教学、研究，高等教育应该有更为广阔的目标，如促进可持续发展，进行文化传播，消除贫穷、偏见、暴力、文盲、饥饿、环境恶化以及疾病。③ 2008 年，世界高等教育会议又提出高等教育是一项公共事业。大学应承担社会责任，高等教育不仅仅为现在和未来世界培养技术人才，更重要的是要培养有道德的公民，致力于和平文化传播，维护人权，以及传播民主的价值。滕珺等研究者也提道：当下大学排名关注大学教学、科研的功能，却忽视了大学为国家发展和社会进步服务的功能。大学排名没有关心大学为国家和社会发展所做出的贡献，更没有考虑大学在当地文化创建和发展中所起到的作用。④

---

① 程介明. 汹涌而来的大学排名[J]. 上海教育, 2007, (12A): 32.

② 潘懋元. 一流大学不能跟着“排名榜”转[J]. 清华大学教育研究, 2003, 24(3): 50-51.

③ UNESCO. Higher Education in the Twenty-first Century: Vision and Action[C]. Paris: UNESCO, 1998.

④ 滕珺, 屈廖健. 反思高等教育排名 重塑世界学术格局：联合国教科文组织《高等教育排名与问责:善用与滥用》述评[J]. 比较教育研究, 2014(7): 63-68.

习近平总书记在两会期间针对大学排名问题指出：大学更重要的是底蕴，不要太过在意那些国内外的大学排行榜，不能用干巴巴的指标评定人民心目中的好大学。办大学，最重要的是人们心中的声誉，是自己的底蕴，是自己的积累。这是需要长期积淀之后在人们心中形成的。①

三、 树立正确的发展质量观

高质量发展，是当前我国经济社会发展的关键词，也是高等教育改革的根本目标。推动高质量发展并非一日之功，不能一蹴而就，抓好这项工作需要有“功成不必在我”的精神，但最为重要的还是正确的质量关。上海师范大学原校长杨德广提出正确的质量观应包括以下五个方面：（1）发展的质量观。发展是质量的基础和前提，各类学校只要发展了，只要在不断提高就是质量。（2）目标质量观。各类学校达到原定的目标就叫质量。（3）需求质量观。满足校内外学习者的需求，毕业生满足社会某一方面的需求就是质量；医学专业毕业生能做医生，师范专业毕业生能做教师，会计专业毕业生会做账等，就是质量。（4）多元质量观。对不同类型的学校要有不同的质量标准，不能用一元的质量标准衡量所有学校的质量，不要把自己的学校放在不属于本校的平台、层次上去看质量。（5）特色质量观。有特色就是有质量，有特色就能满足社会及个体的需要，任何学校不可能是“全能冠军”，应发挥优势，办出特色。只要坚持这五项质量关，办学质量必定会不断提升，高校的排名自然也就上去了。②

---

① 朱珉迕．习近平：大学要看底蕴 别太在意排行[EB/OL]．(2017－03－07)[2018－11－06]．http://www.china.com.cn/education/2017－03/07/content_40424119.htm.

② 杨德广．高校必须树立正确的定位观与质量观[J]．高等教育研究，2005(2)：6－9.

四、坚持特色发展

剑桥大学前任校长艾莉森·理查德指出：“大学排名是不科学的，世界上那些伟大的大学是不可以排名的。不同的大学之间区别很大，并无可比性。”① 斯坦福大学前校长格哈德·贾斯帕（Gerhard Gasper）曾致信《美国新闻与世界报道》指出：“作为一个排名领先大学的校长，我想我有资格对你说，这个排名的许多部分，尤其是它华而不实的形式和虚假的精确度，完全起了误导的作用。”② 北京大学原校长许智宏曾说：“很多大学校长为了得到体面的学校排名，不得不按照大学排名的各项指标进行学校建设，导致中国很多大学没有了特色。”上海交通大学高等教育研究院院长刘念才指出，大学排行榜的负面影响不容忽视，高校单纯对排名位置的追求，可能导致办学行为的异化而偏离正常轨道。排名还将所有大学都置于一个模子中，不利于高校的多样化发展和展现高校活动的复杂性与多样性。③

五、改进完善自我

目前，我国的高校应当高度重视分析和研究世界上几个影响力较大的大学排行榜，研究各个排名的指标体系、评价标准，结合自身与其他知名

① 汪嘉波. 大学排名科学吗？[N]. 光明日报，2011－08－13(7).

② 李斌. 美国名校：排行榜前也低头[N]. 中国青年报，2009－09－09(6).

③ 李江涛. 新华调查：“大学排行榜”？不如一笑了之[EB/OL]. (2011－05－28)[2018－11－08]. http://news.ifeng.com/society/news/detail_2011_05/28/6688204_2.shtml.

大学的差距，对症下药，有的放矢地改善管理体制机制，提高学校管理工作水平，提高办学水平和国际影响力，进而促进学校排名的提高。① 高校应该将排名作为改善自身质量、真正提高自身水平的评价手段与参考工具，通过与同行的比较中寻找能作为自身前进的标杆目标而努力提高自身质量与能力。每所大学不应把眼光局限在其总体排名上或是某个具体的排名上，而是要认真研究各个指标，从而更好地了解影响其表现的各种因素并努力改善教学和科研的质量，这才是排名对高校的真正意义所在。②

第五节　政府可以参考但不要在乎

大学的竞争与发展被世界许多国家的领导人视为全球化经济背景下保持和提高国家竞争力的关键。追求“世界一流”的“战争”已经加速前进，这一点尤其体现在政策内容层面上，各国政府及其政府组织都在强调承担更大的责任、提高质量、加强专业与研究间的相关性等③。无论是发达国家还是发展中国家，世界各国大学对地位、排名和质量的追求都是一样的。大学对地位和名望的渴望也逐渐与其对质量的追求等同起来。各国教育界的领导都对提高本国的大学知名度和竞争力予以高度重视。④ 陈宝生部长在两会回答中外记者提问时指出：对这些排名、这些评比，你可以

① 郭丛斌. 世界大学排名体系对中国高校管理的启示[J]. 教育评论，2015(2)：22－25.

② 萨尔米，萨拉杨，王利兵，等. 作为政策工具的大学排行榜[J]. 教育研究，2010(1)：59－68.

③ HAZELKORN E. The Impact of League Tables and Ranking Systems on Higher Education Decision Making[J]. Higher Education Management and Policy，2007，19(2)：81－105.

④ 费尔韦瑟，李康. 论全球化背景下的大学知名度、学术研究及大学教学的相互关系[J]. 北京大学教育评论，2009，7(1)：1－15.

去看它、去参考它，但是你不要在乎它，它评它的，我干我的。大学排名仅仅是提供了一种观察和分析高等教育事业发展的角度，在那个角度上，我可以去寻找差距，但是在整体发展上我们要增强自信。尊敬排名，不唯排名，重在走自己的路，建设中国特色的世界一流高等学校。①

一、政府要宽容，不盲目干预

在我国，政府既是高等教育的举办者，同时又行使监督者的权力，显然是矛盾的、不合理的，高等教育质量的监督者应该是介于政府与高校之外的第三方机构。大学排行榜的“民间”身份使之扮演了高校办学监督者的角色。由于我国幅员辽阔，高校众多，从现实角度出发，政府及教育部门不可能有精力对所有高校进行细致的评估与评价。作为第三方机构的高校排名发布机构则在一定程度上弥补了政府的这一角色。因此，政府要宽容社会第三方机构发布高校排行榜行为，并在一定程度上给予应有的支持。另一方面，政府也不要过度干预排名行为。开展第三方评估有助于避免相关机构自我评价的局限，客观、科学地评价工作的成效，发现存在的问题；有助于针对问题找出解决方案，实现科学决策和精细化管理；有助于改变过去相关机构自说自话、自我表扬、公信力差、话语权缺失、评价结果与公众感受不一致的状况。与此同时，政府也不能盲目追求大学排名，搞唯“名次论”。政府和大学对大学排名的盲目追求会导致大学的发展完全以大学排名指标为导向，导致大学发展“麦当劳化”，致使大学发展呈现高效性、可计量性、可预测性和可控制性等特点。

---

① 人民网. 陈宝生谈大学排名：尊敬排名，不唯排名，重在走自己的路[EB/OL]. (2018-03-16)[2018-11-08]. https://www.sohu.com/a/225681435_114731.

二、 合理配置资源，防范恶性竞争

教育资源的合理配置有利于提高教育的效率，我国高等教育资源相对薄弱，高等学校人、财、物的合理配置，依赖于国内外教育资源的整合。大学排名可以使国际社会和国人从多角度了解高校在同行中的水平，以促进师资、资金、设备流向效益较大的高校，防止资源配置的盲目性。① 在巴基斯坦，高等教育委员会于2002年开始发布的全国大学排名对高校的输入和产出进行比较，政府根据大学排名识别和奖励那些绩效好的大学和支持必要的改革，大学排名为高校提供了评估自身绩效的信息以及维持或提高质量的资源。② 政府依据世界大学排名一味强调本国或地区一流大学的建设而忽视本国或地区世界一流高等教育系统的建设。这种大学排名的滥用忽视了大学的多元化功能，致使大学进入恶性竞争。

三、 建立适当的大学排名监督机构

大学排名的监督或顾问机构可以为大学排名提供一些原则性的指导，从而保障大学排名的质量，赢得公众和业内人士的信任，促进大学排名活动可持续性地向前发展与提高。监督和顾问机构的构成需综合考虑各方因素，保障大学排名走上科学化、准确化道路。联合国教科文组织欧洲高等

---

① 张艳. 大学排名：中国高等教育的社会评估[J]. 中国高等教育评估，2007(2)：14－17.

② SALMI J, SAROYAN A. League tables as policy instruments: the political economy of accountability in tertiary education[R]//Global University Network for Innovation. Higher Education in the World 2007: Accreditation for Quality Assurance: What's at Stake?. London: Palgrave MacMillan, 2007.

教育研究中心和华盛顿高等教育政策研究所于2004年共同发起成立大学排名机构，国际专家组为大学排名的顾问组织提供了典范，该组织于2006年在柏林召开的第二次会议上提出的“柏林原则”为大学排名提供了指导性范本。① 政府有必要加强教育监督的法制化建设，通过颁布大学评估行政法规，对各类评估、排名机构进行资格认证，并规定发布大学评估的媒体及发布形式和主要内容。②

四、 建立更透明的信息公开机制

由于我国高校相关信息资料基本上是不对外公开的，除政府部门外，外界包括发布排行榜的第三方机构，很难从高校获得全面可靠的信息。至于排行榜所依据的原始数据，要么是从官方媒体收集的，要么是由被评高校自行提供的，其公允性难以让人信服。③ 因此，要建立更加透明的信息公开机制，为第三方针对高校进行公正的评估提供有力的保障与支持。目前制约大学排名的一个重要因素是公共政策的缺位，特别是信息公开机制的相关政策规定的缺位。政府应该明确自己的作用，退出评价或排名活动，制定政策，集中规范大学的数据统计口径，要求大学定期发布准确的数据，从而为各种大学排名提供数据依据，逐渐使大学排名建立在可靠的数据基础之上。

① 邹义欢，王绯烨. 大学排名：功能及其局限[J]. 大学(研究与评价)，2008(10)：75－78.

② 黄志广，张淑林. 国外大学评估及其对我国的借鉴意义[J]. 中国高教研究，2005(11)：53－54.

③ 杨德广，赵文莉. 对大学排行榜争议的辨析[J]. 高校教育管理，2009，3(6)：20－25.

五、从严打击不良、不法排名行为

政府应该加强对发布排行榜的第三方机构及其评估活动的监管，杜绝假借发布大学排行榜而行“潜规则”之实的不良行为，坚决打击排行榜发布机构出于功利性目的在高校拉赞助或以学术讲座指导等名义获取金钱收益的行为，确保排名工作合乎政策法规并在阳光下运行。教育部也曾公开表示，大学排行榜是一些民间机构的民间行为，教育部从未组织过大学排行榜的活动，也不支持搞大学排行榜，不赞成对高校进行简单的综合排名。教育部坚决反对排名机构对高校的拉赞助行为，坚决制止类似的贿赂行为。①

① 赵亚辉，张炜，赵婀娜．大学真的需要排行榜吗？[N]．人民日报，2009－05－06(11)．

参考文献

[1]埃舍尔,萨维诺,王亚敏,等,2006.差异的世界:大学排名的全球调查[J].清华大学教育研究,27(5):1-10.

[2]奥尼尔,2018.算法霸权:数学杀伤性武器的威胁[M].马青玲,译.北京:中信出版集团.

[3]曹灿辉,2015.大学排行榜的公信力不能靠"吹"[N].中国教育报,2015-01-16(1).

[4]陈国良,董业军,王秀军,2011.我国高等教育布局结构面临的挑战及对策建议[J].复旦教育论坛,9(3):49-54.

[5]陈海银,2017.对标世界大学排行榜国内高校离"双一流"有多远?[EB/OL].(2017-09-08)[2018-11-06].http://www.21jingji.com/2017/9-8/3NMDEzNzlfMTQxNjY3Ng.html.

[6]陈磊,2018.优秀论文争相"出国"中文期刊望"洋"兴叹[N].科技日报,2018-09-18(1).

[7]陈晓珊,2016.大学排行榜对大学行为的影响[J].当代教育科学(21):56-60.

[8]程介明,2007.汹涌而来的大学排名[J].上海教育(12A):32.

[9]程莹,刘念才,2008.大学排名的影响与作用分析:以"世界大学学术排名"为例[J].大学(研究与评价)(1):85-89.

[10]崔军,汪霞,2013.本科教学质量保障:麻省理工学院的教学促进系统[J].中国高教研究(11):51-56.

[11]丁煜,胡悠悠,2018.高校教师流动:向上流动的失序和向下流动的

失灵[J].高教探索(6):96-100.

[12]董会庆,董真,2011.全球大学排名及其影响解读[J].世界教育信息(9):32-35.

[13]费尔韦瑟,李康,2009.论全球化背景下的大学知名度、学术研究及大学教学的相互关系[J].北京大学教育评论,7(1):1-15.

[14]冯倬琳,刘念才,2013.世界一流大学国际化战略的特征分析[J].高等教育研究,34(6):1-8.

[15]扶青,2018.“唯论文”评价模式可以休矣[N].南方日报,2018-08-17(2).

[16]高飞,2015.《泰晤士报高等教育》“世界大学声望排名”探析[J].江苏高教(1):61-64.

[17]关越,2015.不要急着为清华国际排名欢呼[N].工人日报,2015-10-16(5).

[18]桂昭明,2018.有序竞争推动人才合理流动[J].中国党政干部论坛(6):22-26.

[19]郭丛斌,2015.世界大学排名体系对中国高校管理的启示[J].教育评论(2):22-25.

[20]胡娟,2016.什么是“伟大”的大学[N].光明日报,2016-09-20(13).

[21]胡乐乐,2012.教授为什么不愿给本科生上课[N].光明日报,2012-4-25(03).

[22]环球网留学,2018.全球高校排名法国成绩惨淡大学合并博出位困难重重[EB/OL].(2018-09-17)[2018-11-06].https://baijiahao.baidu.com/s?id=1611814426602282518&wfr=spider&for=pc.

[23]黄志广,张淑林,2005.国外大学评估及其对我国的借鉴意义[J].中国高教研究(11):53-54.

[24]金子元久,窦心浩,2009.大学如何应对大学排行榜[J].大学(研究与评价)(Z1):5-7.

[25]科学网,2018.107 篇论文撤稿事件……[EB/OL].[2018-11-08].http://news.sciencenet.cn/news/sub26.aspx? id=2959.

[26]李斌,2009.美国名校:排行榜前也低头[N].中国青年报,2009-09-09(6).

[27]李根,2018.西湖大学挖角哈佛耶鲁,天价待遇直逼沙特土豪[EB/OL].(2018-08-16)[2018-11-06].https://baijiahao.baidu.com/s? id=1608927566274251851&wfr=spider&for=pc.

[28]李化树,2006.论大学办学特色[J].清华大学教育研究,27(2):80-88.

[29]李江涛,2011.新华调查:"大学排行榜"? 不如一笑了之[EB/OL].(2011-05-28)[2018-11-08].http://news.ifeng.com/society/news/detail_2011_05/28/6688204_2.shtml.

[30]李军,2016.全球排名和科研评估使大学深处危机[N].光明日报,2016-08-23(13).

[31]李立国,2006.大学组织特性与大学竞争特点探析[J].高等教育研究(11):38-43.

[32]李青云,2018.知名教授被哈佛大学要求撤稿 31 篇曾是发现心脏干细胞"第一人"[EB/OL].(2018-10-16)[2018-11-08].http://www.edushi.com/zixun/info/113-139-n4561765.html.

[33]李文长,2011.高校资源配置模式与绩效[M].北京:北京师范大学出版社.

[34]廉思,2012.工蜂:大学青年教师生存实录[J].教育(32):61.

[35]梁卿,2012.欧盟"多维度全球大学排名"述评[J].比较教育研究(4):40-43.

[36]梁爽,2007. 世界大学排行质疑[J]. 煤炭高等教育(4):85－87.

[37]梁伟年,2004. 中国人才流动问题及对策研究[D]. 武汉:华中科技大学.

[38]梁亦华,2015. 影响因子的迷思[EB/OL]. (2015－10－08)[2018－10－12]. https://hk. news. appledaily. com/local/daily/article/20151008/19325118.

[39]林中祥,2015. 年度考核将给中国科研带来无穷的后患[EB/OL]. (2015－8－30)[2016－08－24]. http://blog. sciencenet. cn/blog－279177－916980. html.

[40]刘彩娥,2018. 把论文写在祖国大地上:国内科研论文外流现象分析[J]. 北京工业大学学报(社会科学版)(2):64－72.

[41]刘理,蒋凯,2012. 全球大学排名:高等教育作为一个市场[J]. 大学教育科学(6):107－112.

[42]刘海峰,2011. 悲喜大学排行榜[J]. 科学新闻(11):17.

[43]刘念才,SADLAK J,2007. 世界一流大学:特征·排名·建设[M]. 上海:上海交通大学出版社.

[44]刘念才,程莹,2002. 我国名牌大学离世界一流有多远[J]. 高等教育研究,23(2):19－24.

[45]刘念才,程莹,SADLAK J,2009. 大学排名:国际化与多元化[M]. 上海:上海交通大学出版社.

[46]刘念才,程莹,刘莉,2005. 世界大学学术排名的现状与未来[J]. 清华大学教育研究(3):8－13.

[47]刘文普,邵伏先,1994. 试论人才流动的三大规律[J]. 求索(2):38－41.

[48]刘尧,2014. 平心静气地看待大学排行榜[J]. 上海教育评估研究(2):32－36.

[49]刘尧,2018.高等学校高质量发展策略实施失当举隅:从高等学校频繁更名与追逐排名等现象谈起[J].上海教育评估研究,7(4):20－23.

[50]刘益东,2018.摆脱坏国际化陷阱,提升原创能力和学术国际话语权[J].科技与出版(7):33－38.

[51]陆根书,2015.从世界大学排名看一流大学建设[J].苏州大学学报(教育科学版)(4):15－17.

[52]麦可思,2014.大学排行榜靠谱吗?[N].北京日报,2014－10－15.

[53]苗耘,刘念才,2017.大学排名的应用行为研究及其价值取向反思[M].上海:上海交通大学出版社:161－163.

[54]聂珍钊,2014.中国学术期刊要积极参与国际话语权竞争[N].中国社会科学报,2014－02－19(B02).

[55]O'NEIL C,2018.大学排名:一家快倒闭的二流杂志搞出来的自救项目[EB/OL].马青玲,译.(2018－10－20)[2018－11－06].http://www.sohu.com/a/260550120_390540.

[56]潘懋元,2003.一流大学不能跟着"排名榜"转[J].清华大学教育研究,24(3):50－51.

[57]潘懋元,董立平,2009.关于高等学校分类、定位、特色发展的探讨[J].职教论坛(13):42.

[58]青塔网,2017.法国两知名大学2018年将合并,欧洲掀起大学合并风![EB/OL].(2017－02－08)[2018－11－06].http://www.sohu.com/a/125776696_232611.

[59]青塔网,2018.终于,哈工大也有"医学院"了![EB/OL].(2018－11－08)[2018－11－08].http://www.sohu.com/a/274100304_232611.

[60]邱均平,董西露,2017.五种世界大学排行榜比较研究[J].上海教育评估研究(3):1－6.

[61]人民网,2018.陈宝生谈大学排名:尊敬排名,不唯排名,重在走自

己的路[EB/OL].(2018－03－16)[2018－11－08].https://www.sohu.com/a/225681435_114731.

[62]任永灿,2014.国内外大学排名指标体系的特征及趋势研究[D].金华:浙江师范大学.

[63]萨尔米,萨拉杨,王利兵,等,2010.作为政策工具的大学排行榜[J].教育研究(1):59－68.

[64]邵鹏,2015.洞察大学排行榜本质:如商业产品,影响你的消费[N].文汇报,2015－03－13(7).

[65]沈祖尧,2011.别让“排名”挤掉大学的首要使命[N].人民日报(海外版),2011－07－01(9).

[66]司托克斯,1999.基础科学与技术创新:巴斯德象限[M].周春彦,谷春立,译.北京:科学出版社.

[67]斯塔夫里阿诺斯,1992.全球通史:1500年以后的世界[M].吴象婴,梁赤民,译.上海:上海社会科学院出版社.

[68]苏盛辉,2018.简单的逻辑被忽略,论文引用率高被误解为论文水平高[EB/OL].(2018－10－26)[2018－11－08].http://bbs1.people.com.cn/post/71/1/2/169622941.html.

[69]眭依凡,2011.大学的使命及其守护[J].教育研究(1):68－72.

[70]滕珺,屈廖健,2014.反思高等教育排名重塑世界学术格局:联合国教科文组织《高等教育排名与问责:善用与滥用》述评[J].比较教育研究(7):63－68.

[71]田虎伟,谢金法,2017.ESI的功能限度.上海教育评估研究(1):19－22.

[72]田美,陆根书,2016.发表还是出局?:“Tenure－track”机制下青年教师发表国际学术期刊论文的压力[J].复旦教育论坛,14(5):14－20;34.

[73]田贤鹏,2017.高校学科专业动态调整中的市场调节失灵及其矫正

[J]. 教育发展研究(21):16 - 23.

[74]汪嘉波,2011. 大学排名科学吗? [N]. 光明日报,2011 - 08 - 13(7).

[75]王嘉兴,2018. 青年长江学者与她“404”的论文[N]. 中国青年报,2018 - 10 - 24(10).

[76]王金龙,王叶静,2017. 世界大学排名发展现状及其评价研究[J]. 上海教育评估研究(3):19 - 24.

[77]王俊,2018. 西湖大学获批成立 5 年建成亚洲一流[N/OL]. 新京报,2018 - 04 - 03[2018 - 11 - 06]. http://epaper. bjnews. com. cn/html/2018 - 04/03/content_716068. htm? div = - 1.

[78]王英杰,2008. 大学排行:问题与对策[J]. 比较教育研究(10):1 - 5.

[79]吴学安,2018. 大学排行榜有多少可信度[N]. 证券时报,2018 - 01 - 30.

[80]伍德豪斯,丁丽军,2008. 提高教育质量认识消除大学排名不良影响[J]. 现代大学教育(6):49 - 54.

[81]武学超,2010. 世界大学排名科研测评的影响与缺失[J]. 中国高教研究(3):43 - 46.

[82]谢华,2014. 大学教学边缘化的表现形式、成因及其破解路径[J]. 教育评论(2):94 - 96.

[83]谢健,张海燕,2006. 大学排行要关注教育质量:《美国新闻与世界报道》的排行分析与启示[J]. 成都教育学院学报(10):34 - 36.

[84]谢群,2014. 学术期刊国际化与国际话语权的竞争[J]. 学理论(10):172 - 173.

[85]谢亚兰,2010. 大学排名体系及影响研究[D]. 上海:上海交通大学.

［86］许建钺，1992. 简明国际教育百科全书：教育测量与评价［M］. 北京：教育科学出版社.

［87］许涛，2007. 对各类世界大学排名的辨析和思考［J］. 中国高等教育（17）：26－28.

［88］杨德广，2005. 高校必须树立正确的定位观与质量观［J］. 高等教育研究（2）：6－9.

［89］杨德广，赵文莉，2009. 对大学排行榜争议的辨析［J］. 高校教育管理，3（6）：20－25.

［90］杨岭，毕宪顺，2017. "双一流"背景下大学高层次人才流动的失序与规范［J］. 社会科学家（8）：130－135.

［91］杨鑫宇，2018. "404 教授"梁莹被揭穿，然而是谁纵容了她［EB/OL］.（2018－10－25）［2018－11－08］. http://news.cyol.com/co/2018-10/25/content_17722514.htm.

［92］佚名，2017. 韩国中央大学材料造假从 QS 大学排行中除名，学生集体抗议［EB/OL］.（2017－06－15）［2018－11－08］. https://www.sohu.com/a/149255744_648965.

［93］佚名，2017. 中国英文学术期刊国际国内引证报告［R/OL］.（2017－03－27）［2018－11－09］. http://www.dswzzz.com/about/hot/500.html.

［94］佚名，2018. USNews 美国大学排名与世界大学排名为何差别这么大？到底该信哪个？［EB/OL］.（2018－03－29）［2018－11－06］. http://liuxue.xdf.cn/zhengzhou/mglh/xjslh/pmjx/1337777.shtml.

［95］袁振国，2016. 大学排名的风险：大学变革的历史轨迹与启示之四［J］. 中国高等教育（20）：26－29.

［96］袁振国，2017. 排行榜重"指标"，大学育人功能如何提升［N］. 文汇报，2017－05－19（6）.

［97］臧玲玲，2013. 我国高等教育本土化研究述评［J］. 现代教育管理

(3):12－15.

[98]张柄尧,2016. 起底“论文大神”[N/OL]. 成都商报(电子版),2016－09－08[2018－11－06]. http://e. chengdu. cn/html/2016－09/08/content_574308. htm.

[99]张端鸿,2018a. 排名不能覆盖大学全部发展目标[N]. 中国教育报,2018－06－20(2).

[100]张端鸿,2018b. 不要让排行榜和奖项,绑架大学的“双一流”建设![EB/OL]. (2018－09－28)[2018－11－06]. https://baijiahao. baidu. com/s? id=1612812861907645382&wfr=spider&for=pc.

[101]张端鸿,2018c. 究竟谁能为高校“双一流”建设的成效提供“担保”? [EB/OL]. (2018－09－29)[2018－11－06]. http://www. edu. cn/ke_yan_yu_fa_zhan/gai_kuang/zhuan_jia_ping_shu/201809/t20180929_1627232. shtml.

[102]张国,2009. 天津大学校长曝称曾拒交“排名赞助费”[N]. 中国青年报,2009－3－21.

[103]张涛,2009. 单科类院校寻求特色发展的探索:基于人才培养模式的视角[J]. 现代教育管理(12):15－17.

[104]张旺,2012. 大学排名对高等院校的影响[J]. 高教发展与评估(1):19－26.

[105]张旺,华晓玲,邵艳霞,2011. 大学排名对学生择校和大学招生的影响:以《美国新闻与世界报道》的大学排名为例[J]. 高教探索(5):44－47.

[106]张妍,2012. 大学国际化水平评价指标体系的构建[J]. 中国高等教育评估(1):13－18.

[107]张艳,2007. 大学排名:中国高等教育的社会评估[J]. 中国高等教育评估(2):14－17.

[108]张燕华,喻宝华,2013. 论大学排名体系的公信度问题[J]. 国家教

育行政学院学报(2):48－53.

[109]张优良,2015.世界大学排行榜的特征与高校应对策略[J].教育探索(8):55－59.

[110]赵亚辉,张炜,赵婀娜,2009.大学真的需要排行榜吗?[N].人民日报,2009－05－06(11).

[111]赵永新,谢婷婷,2016.论文指挥棒,到底有多“牛”?[N].人民日报,2016－9－5(18).

[112]郑荣,2016.编辑与学术话语的异化及重构[J].广东农工商职业技术学院学报,32(4):75－79.

[113]中国产经新闻,2016.看重排名对大学办学是利是弊[EB/OL].(2016－12－03)[2018－11－06].http://news.hexun.com/2016－12－03/187180268.html.

[114]中华教育网,2014.熊丙奇:高校排名大幅提高为何仍不获认同[EB/OL].(2014－01－21)[2018－11－08].http://www.edu－gov.cn/news/580.html.

[115]周易,2014.招生规模3年增加12.6%研究生盲目扩招质量难保证[N].中国青年报,2014－11－27(07).

[116]朱珉迕,2017.习近平:大学要看底蕴别太在意排行[EB/OL].(2017－03－07)[2018－11－06].http://www.china.com.cn/education/2017－03/07/content_40424119.htm.

[117]诸葛亚寒,2015.高校“青椒”坐冷板凳担大事业[N].中国青年报,2015－05－11(5).

[118]邹义欢,王绯烨,2008.大学排名:功能及其局限[J].大学(研究与评价)(10):75－78.

[119]ADLER N J,HARZING A－W,2009.When Knowledge Wins:Transcending the Sense and Nonsense of Academic Rankings[J].Academy of Man-

agement Learning & Education,8(1),72 -95.

[120] ALBERTS B, 2013. Impact FactorDistortions [J]. Science, 340 (6134):787.

[121] ALEXANDER H,2007. NOONAN G. Macquarie Uni Falls in List [N]. The Sydney Morning Herald,2007 -11 -09.

[122] Altbach P G,2012. The Globalization of College and University Rankings[J]. Change:The Magazine of Higher Learning,44(1):26 -31.

[123] ALTBACH P G,SALMI J,2011. The road to academic excellence:the making of world - class research universitie[R]. Washington D. C. :World Bank.

[124] ALVESSON M,SANDBERG J,2013. Has Management Studies Lost Its Way? Ideas for More Imaginative and InnovativeResearch[J]. Journal of Management Studies,50(1),128 -152.

[125] Anon,2005. A world of opportunity[J]. The Economist,376(8443): 14 -16.

[126] Anon,2010. Questionable Science Behind Academic Rankings[N/OL]. The New York Times,2010 -11 -14[2018 -11 -06]. https://www.nytimes.com/2010/11/15/education/15iht - educLede15.html.

[127] Anon, 2016. Faculty Area Normalization - Technical Explanation [EB/OL]. [2018 -11 -06]. http://content.qs.com/qsiu/Faculty_Area_Normalization_ - _Technical_Explanation.pdf.

[128] Anon,2016. Indicators and Weights for ARWU[EB/OL]. [2018 -11 -06]. http://www.shanghairanking.com/ARWU - Methodology -2016.html.

[129] Anon,2016. World University Rankings 2016 - 2017 methodology [EB/OL]. (2016 -09 -05)[2018 -11 -06]. http://www.timeshighereducation.com/world - university - rankings/methodology - world - university - rankings -2016 -2017.

[130] Anon,2018. Education Rankings[EB/OL]. [2018 - 11 - 06]. https://www. usnews. com/education.

[131] Auckland Branch of the Association of University Staff,2006. Response to Review of Strategic Plan[EB/OL]. [2018 - 11 - 06]. https://wayback. archive - it. org/all/20080406192737/http://www. aus. ac. nz/branches/auckland/akld06/AUS - SP. pdf.

[132] BATY P,2013. An evolving methodology:the Times Higher Education World University Rankings[M]//MAROPE P T M,WELLS P J,HAZELKORN E. Rankings and Accountability in Higher Education:Uses and Misuses. Paris:UNESCO:41 - 54.

[133] BERGH DD,PERRY J,HANKE R,2006. Some predictors of SMJ article impact[J]. Strategic Management Journal,27(1),81 - 100.

[134] BERGHOFF S,FEDERKEIL G,2006. Reputation indicators and research performance[C]//International Rankings Expert Group. Proceedings of 2nd Meeting of the International Rankings Expert Group:Methodology and Quality Standards of Rankings. Berlin:[s. n.]:18 - 20.

[135] BOOKSTEIN F L,SEIDLER H,FIEDER M,et al,2010. Too much noise in the Times Higher Education rankings[J]. Scientometrics,85(1):295 - 299.

[136] BOUCHIKHI H,KIMBERLY J R,2001. "It's Difficult to Innovate":The Death of the Tenured Professor and the Birth of the Knowledge Entrepreneur[J]. Human Relations,54(1),77 - 84.

[137] BROOKS R,2005. Measuring UniversityQuality[J]. The Review of Higher Education,29(1):1 - 21.

[138] BUSH V,1945. Science,the Endless Frontier:A Report to the President on a Program for Postwar Scientific Research[R]. Washington,D. C.:Na-

tional Science Foundation.

[139]CALVER M C,2015. Please Don't Aim for a Highly CitedPaper[J]. Australian Universities' Review,57(1):45 -51.

Department of Justice,2017. U. S. Attorney's Office. Partners Healthcare and Brigham and Women's Hospital Agree to Pay $10 Million to Resolve Research Fraud Allegations[EB/OL]. (2017 - 04 - 27)[2018 - 11 - 08]. https://www.justice.gov/usao - ma/pr/partners - healthcare - and - brigham - and - women - s - hospital - agree - pay - 10 - million - resolve.

[141]DIAMONDI,2007. Social sciences lose 1[EB/OL]. (2007 - 11 - 16)[2018 - 11 - 06]. https://www.timeshighereducation.com/comment/letters/social - sciences - lose - 1/311132.article? sectioncode = 26&storycode =311132.

[142]DIAMOND N,GRAHAM H D,2000. How Should We Rate Research Universities? [J]. Change:The Magazine of Higher Learning,32(4):20 -33.

[143]DILL DD,SOO M,2005. Academic quality,league tables,and public policy:A cross - national analysis of university ranking systems. Higher Education,49(4):495 -533.

[144]ECCLES C,2002. The Use of University Rankings in the UnitedKingdom[J]. Higher Education in Europe,27(4):423 -432.

[145]EHRENBERG R G,2002. Reaching for the Brass Ring:The U. S. News & World Report Rankings andCompetition[J]. The Review of Higher Education,26(2):145 -162.

[146]ENGELS T C E,OSSENBLOK T L B,SPRUYT E H J,2012. Changing publication patterns in the Social Sciences and Humanities,2000 - 2009 [J]. Scientometrics,93(2):373 -390.

[147]ESPELAND W N,SAUDER M,2007. Rankings and Reactivity:How

Public Measures Recreate Social Worlds[J]. American Journal of Sociology,113(1):1 –40.

[148]European Commission,2003. Chinese Study Ranks World'S Top 500 Universities[EB/OL]. (2003 – 12 – 31)[2003 – 12 – 31]. http:/ec. europa. eu/research/headines/news/article_03_12_31_en. html.

[149] FARRELL E F, VAN DERWERF M, 2007. Playing the Rankings Game[N]. The Chronicle of Higher Education,2007 –05 –25.

[150]GEORGHIOU L,2015. Strategy to Join the Elite:Merger and the 2015 Agenda at the University of Manchester – An Update [M]//CURAJ A, GEORGHIOU L, HARPER J C, et al. Mergers and Alliances in Higher Education. Cham:Springer:205 –220.

[151] GOLDSTEIN H, SPIEGELHALTER D J, 1996. League Tables and Their Limitations: Statistical Issues in Comparisons of Institutional Performance [J]. Journal of the Royal Statistical Society (Series A),159(3):385 –443.

[152] GRUPP H, SCHMOCH U, HINZE S, 2001. International alignment and scientific regard as macro – indicators for international comparisons of publications[J]. Scientometrics,51(2):359 –380.

[153]HAZELKORN E,2015. Rankings and the Reshaping of Higher Education: the Battle for World – Class Excellence[M]. 2nd ed. London: Palgrave Macmillan.

[154] HODGES S, 2002. Authentic Values and Ersatz Standards: Making Sense of CollegeRankings[J]. Academe,88(6):33 –35.

[155]HOLM J D, MALETE L, 2010. Nine Problems That Hinder Partnerships in Africa[N]. The Chronicle of Higher Education,2010 –06 –13.

[156]HOLMES R,2006. So That's how They Did[EB/OL]. (2006 –09 –05)[2015 –07 –12]. https://rankingwatch. blogspot. com/2006/09/so – thats

– how – they – did – it – for – some – time. html.

[157] HOSSLER D, 2000. The Problem with College Rankings [J]. About Campus, 5(1): 20 – 24.

[158] IESALC, 2011. The Position of Latin America and the Caribbean on Rankings in Higher Education [C/OL]. Buenos Aires: Fourth Meeting of University Networks and Councils of Rectors of Latin America and the Caribbean, 2011 [2018 – 11 – 06]. www. iesalc. unesco. org. ve/dmdocuments/posicion_alc_ante_rankings_en. pdf.

[159] INOUE A, 2007. Inoue Plan 2007: Aiming to Become a World – Class University [EB/OL]. (2007 – 03 – 29) [2011 – 03 – 24]. http://www. bureau. tohoku. ac. jp/president/open/plan/Inoue_Plan_2007. pdf.

[160] JOLLEY A, 1997. Exporting education toAsia [M]. Melbourne: Victoria University Press for the Centre for Strategic Economic Studies.

[161] KAYCHENG S, 2015. Multicolinearity and Indicator Redundancy Problem in World University Rankings: An Example Using Times Higher Education World University Ranking 2013 – 2014 Data [J]. Higher Education Quarterly, 69(2): 158 – 174.

KUTNER M, 2014. How to Game the College Rankings [EB/OL]. (2014 – 08 – 26) [2018 – 11 – 08]. https://www. bostonmagazine. com/news/2014/08/26/how – northeastern – gamed – the – college – rankings/.

[163] LEDERMAN D, 2009. Rankings Rancor at Clemson [EB/OL]. (2009 – 06 – 04) [2018 – 11 – 08]. http://www. insidehighered. com/news/2009/06/04/Clemson.

[164] London School of Economics, 2010. LSE in university league tables [EB/OL]. (2010 – 04 – 26) [2018 – 11 – 06]. https://web. archive. org/web/20100429102759/http://www2. lse. ac. uk/intranet/LSEServices/divisionsAnd-

Departments/ERD/LSEinUniversityLeagueTables. aspx.

[165]MACGREGOR K,2016. Going Global 2016 – Setting the Higher Education Agenda[EB/OL]. (2016 –02 –27)[2018 –11 –06]. http://www. universityworldnews. com/article. php? story =20160227100434229.

[166]MACHUNG A,1998. Playing the Ranking Game[J]. Change: The Magazine of Higher Learning,30(4):12 –16.

[167]MARGINSON S,2012. Improving Latin American universities' global ranking[EB/OL]. (2012 –06 –10)[2018 –11 –06]. http://www. universityworldnews. com/article. php? story =20120606174803978.

[168]Marginson S,VAN DER WENDE M,2007. To Rank or to be Ranked: The Impact of Global Rankings in Higher Education[J]. Journal of Studies in International Education,11(3 –4):306 –329.

[169]MAROPE P T M,WELLS P J,HAZELKORN E,2013. Rankings and Accountability in Higher Education:Uses and Misuses[M]. Paris:UNESCO.

[170]MAY R M,1997. The Scientific Wealth ofNations[J]. Science,275(5301):793 –796.

[171]MORSE R,BROOKS E,MASON M,2018. How U. S. News Calculated the 2019 Best Colleges Rankings[EB/OL]. (2018 –09 –09)[2018 –11 –06]. https://www. usnews. com/education/best – colleges/articles/how – us – news – calculated – the – rankings.

[172]MORSE R,KRIVIAN A,MARTIN E,2018a. Frequently Asked Questions:Best Global Universities Rankings[EB/OL]. (2018 –10 –29)[2018 –11 –06]. https://www. usnews. com/education/best – global – universities/articles/rankings – faq.

[173]MORSE R,KRIVIAN A,MARTIN E,2018b. How U. S. News Calculated the Best Global Universities Rankings[EB/OL]. (2018 –10 –29)[2018 –

11 – 06]. http://www.usnews.com/education/best – global – universities/articles/methodology.

[174]NATT A,2017. The methodology used for the Times Higher Education World University Rankings´citations metric can distort benchmarking[EB/OL]. (2017 – 10 – 31)[2018 – 11 – 06]. http://blogs.lse.ac.uk/impactofsocialsciences/2017/10/31/the – methodology – used – for – the – times – higher – education – world – university – rankings – citations – metric – can – distort – benchmarking/.

[175]O'Melveny and Myers LLP,2012. Investigative Report Prepared on behalf of The Board of Trustees of Claremont McKenna College[R/OL]. (2012 – 04 – 17)[2018 – 11 – 08]. http://c334272.r72.cf1.rackcdn.com/Investigative_Report.pdf.

[176]OECD,2007. How Do Rankings Impact on Higher Education? [EB/OL]. (2007 – 12 – 15)[2018 – 11 – 08]. http://www.oecd.org/dataoecd/8/27/39802910.pdf.

[177]PIKE G R,2004. Measuring Quality:A Comparison of "U. S. News" Rankings andNSSE Benchmarks[J]. Research in Higher Education,45(2):193 – 208.

[178]PROVAN D,ABERCROMBY K,2000. University league tables and rankings:a critical analysis[R]. London:The Association of Commonwealth Universities.

[179]QS Intelligence Unit,2018. QS World University Rankings[EB/OL]. [2018 – 11 – 06]. http://www.iu.qs.com/university – rankings/world – university – rankings/.

[180]RAGHAVA G,2009. Is citation a good criterion? [EB/OL]. (2009 – 05 – 15)[2018 – 11 – 06]. https://www.natureasia.com/en/nindia/article/

10. 1038/nindia. 2009. 133.

[181]ROSSO P, VELASCO N, 2006. A Latin American Private University Strives to Become "World Class" [J]. International Higher Education (43): 18 – 20.

[182]RTE, 2016. Trinity removed from international rankings after data error[EB/OL]. (2016 – 07 – 22) [2018 – 11 – 06]. https://www. rte. ie/news/2016/0921/818218 – university – tables – trinity/.

[183]SALMI J, SAROYAN A, 2007. League tables as policy instruments: the political economy of accountability in tertiary education[R]//Global University Network for Innovation. Higher Education in the World 2007: Accreditation for Quality Assurance: What's at Stake?. London: Palgrave MacMillan.

[184]SALMI J, SAROYAN A, 2007. League Tables as Policy Instruments: Uses and Misuses [J]. Higher Education Management and Policy, 19 (2): 31 – 68.

[185]SCHOFER E, MEYER J W, 2005. The Worldwide Expansion of Higher Education in the Twentieth Century [J]. American Sociological Review, 70 (6): 898 – 920.

[186]SHAW J S, 2012. Claremont McKenna Not Alone in Admissions Mischief[EB/OL]. (2012 – 01 – 31) [2018 – 11 – 08]. https://www. bloomberg. com/view/articles/2012 – 02 – 01/claremont – mckenna – not – alone – in – rankings – mischief – commentary – by – jane – shaw.

[187]STAKE J E, 2006. The Interplay Between Law School Rankings, Reputations, and Resource Allocation: Ways RankingsMislead[J]. Indiana Law Journal, 81(1), 229 – 270.

[188]STRASSER F, 2015. How US students get a university degree for free in Germany[N/OL]. BBC News, 2015 – 06 – 03 [2018 – 11 – 06]. https://

www. bbc. com/news/magazine – 32821678.

[189] Study International, 2016. Going Global Conference Members Hear that Rankings Hinder University Collaboration[EB/OL]. (2016 – 05 – 04)[2018 – 11 – 06]. https://www. studyinternational. com/news/going – global – conference – members – hear – that – rankings – hinder – university – collaboration – 2/.

[190]SUPIANO B,2013. "U. S. News" Removes 2 More Colleges from Its Rankings[N]. The Chronicle of Higher Education,2013 – 05 – 14.

[191]THAKUR M,2007. The Impact of Ranking Systems on Higher Education and ItsStakeholders[J]. Journal of Institutional Research,13(1):83 – 96.

[192] Thomson Reuters Corporation, 2014. Academic Reputation Survey: 2013 Report of Findings[EB/OL]. (2014 – 07 – 23)[2018 – 11 – 06]. http://ip – science. Thomsonreuters. com/m/pdfs/GIPP_AcamRep_report. pdf.

[193] Times Higher Education, 2014a. World Reputation Rankings 2014 Methodology[EB/OL]. (2014 – 03 – 06)[2018 – 11 – 06]. https://www. timeshighereducation. com/world – reputation – rankings – 2014 – methodology.

[194]Times Higher Education,2014b. World Reputation Rankings Supplement 2014[EB/OL]. (2014 – 07 – 31)[2018 – 11 – 06]. http://www. timeshighereducation. co. uk/DigitalEditions/ReputationRankings2014/online/download. pdf.

[195]TURNER D,2005. Benchmarking in universities:league tablesrevisited[J]. Oxford Review of Education,31(3):353 – 371.

[196]UNESCO,1998. Higher Education in the Twenty – first Century: Vision and Action[C]. Paris:UNESCO.

[197]University of Minnesota,2007. Advancing the Public Good:Transforming the University of Minnesota into a World – Class Research University[EB/OL]. [2011 – 03 – 21]. http://www. academic. umn. edu/provost/Reports/

dec2007update. pdf.

[198]USHER A,CERVENAN A,2005. Global Higher Education Rankings: Affordability and Accessibility in Comparative Perspective, 2005[R]. Toronto: Educational Policy Institute.

[199]USHER A,SAVINO M,2006. A World of Difference:A Global Survey of University League Tables[R]. Toronto:Educational Policy Institute.

[200]VAN DYKE N,2008. Self – and Peer – Assessment Disparities in University RankingSchemes[J]. Higher Education in Europe,33(2 – 3),285 – 293.

[201]VANLEEUWEN T N,MOED H F,TIJSSEN R J W,et al,2001. Language biases in the coverage of the Science Citation Index and its consequences for international comparisons of national research performance[J]. Scientometrics,51(1):335 – 346.

[202]WALPOLE M,1999. Is the Tail Wagging the Dog? "Business Week" Rankings and Business School Faculty[C]. Montreal:[s. n.].

WALTMAN L,WOUTERS P,VAN ECK N J,2017. Ten principles for the responsible use of university ranking[EB/OL]. (2017 – 05 – 17)[2018 – 11 – 08]. https://www.cwts.nl/blog? article = n – r2q274.

[204] YONEZAWA A, NAKATSUI I, KOBAYASHI T, 2002. University Rankings in Japan[J]. Higher Education in Europe,27(4):373 – 382.

中国教育三十人论坛成员名录

论坛国际学术顾问

穆罕默德·尤努斯　孟加拉国经济学家，2006年诺贝尔和平奖得主

约翰·奈斯比特　著名未来学家，肯尼迪总统教育部助理部长，约翰逊总统特别助理

詹姆斯·莫里斯　激励理论奠基者，1996年诺贝尔经济学奖得主

论坛学术顾问

顾明远　北京师范大学教授，中国教育学会名誉会长

吴敬琏　国务院发展研究中心研究员，中欧国际工商学院宝钢经济学教席教授

陶西平　国家总督学顾问，联合国教科文组织协会世界联合会副主席

张信刚　香港城市大学荣休校长，英国皇家工程院外籍院士

论坛成员（以姓氏笔画为序）

王嘉毅　中共甘肃省委常委、秘书长，甘肃省教育厅原厅长

文东茅　北京大学教育学院教授，中国教育发展战略学会副会长

石中英　清华大学教育研究院常务副院长，北京明远教育书院院长

朱永新　全国政协常委、副秘书长，民进中央副主席，新教育实验发起人

汤　敏　国务院参事室参事，友成企业家扶贫基金会常务副理事长

严文蕃　美国马萨诸塞大学波士顿分校终身教授、教育领导学系系主任

李希贵　北京十一学校校长，中国教育学会副会长

李镇西　新教育研究院院长，成都市武侯实验中学原校长

杨东平　国家教育咨询委员会委员，北京理工大学教授，21世纪教育研究院院长

张志勇　山东省教育厅巡视员，中国教育学会副会长

张卓玉　教育部中考改革专家工作组副组长，山西省教育厅原正厅级副厅长、中国教育学会副会长

陈平原　北京大学中文系教授，中央文史馆馆员

邵　鸿　第十三届全国政协副主席，九三学社中央常务副主席

季卫东　上海交通大学日本研究中心主任、凯原法学院原院长

周国平　中国社会科学院哲学研究所研究员

周洪宇　全国人大常委会委员，湖北省人大常委会副主任，中国教育学会副会长，中国教育发展战略学会副会长

项贤明　南京师范大学教育科学学院教授，民进中央教育委员会副主任

袁振国　华东师范大学终身教授，国家督学，中国教育学会副会长

钱颖一　全国工商联副主席，国务院参事，清华大学经济管理学院原院长

徐　辉　全国人大常委会委员，全国人大宪法和法律委员会副主任委员，民盟中央副主席，中国教育发展战略学会副会长兼学术委员会主任

程介明　香港大学原副校长，香港大学荣休教授

谢维和　清华大学校务委员会副主任、教育研究院院长、原副校长

论坛学术委员会

朱永新　袁振国　杨东平　钱颖一　张志勇

论坛秘书长

马国川

论坛执行秘书长

石　岚

编者声明

本书中所选漫画取自网络，敬请相关版权所有者与我社联系，将按照本社图片使用办法付酬。